红色记忆® 12

血染银圆献给党

海南省文化交流促进会　编

南海出版公司
2014·海口

图书在版编目（CIP）数据

红色记忆 · 第 1 辑 · 12 / 海南省文化交流促进会编 .
-- 海口：南海出版公司 , 2012.3（2025.1 重印）
ISBN 978-7-5442-5792-3

Ⅰ . ①红… Ⅱ . ①海… Ⅲ . ①革命传统教育 — 中国 — 青年读物②革命传统教育 — 中国 — 少年读物 Ⅳ . ① D642-49

中国版本图书馆 CIP 数据核字（2012）第 033953 号

HONGSE JIYI · DI 1 JI · 12

红色记忆 · 第 1 辑 · 12

作　　者	海南省文化交流促进会
总 策 划	刘　栋
主　　编	王晓建
执行总编	张　桐　张爱国
责任编辑	聂　敏
封面设计	郑广明
排版印务	何怡欣
发行总监	杨成春
出版发行	南海出版公司　电话：（0898）66568508　66568511
社　　址	海南省海口市海秀中路 51 号星华大厦五楼　邮编：570206
电子信箱	nhpublishing@163.com
经　　销	新华书店
印　　刷	天津睿意佳彩印刷有限公司
开　　本	787 毫米 ×1092 毫米　1/16
印　　张	6.5
字　　数	100 千字
版　　次	2012 年 3 月第 1 版　2025 年 1 月第 2 次印刷
书　　号	ISBN 978-7-5442-5792-3
定　　价	39.80 元

序

对历史无知的人，没有真正的信仰可言；没有信仰的人，不可能拥有美好的理想，不可能胸怀崇高的情感，也就不可能担负起任何责任。用欲望文化代替历史教育，足以使一个国家的青年被腐蚀、使一个民族的希望被毁掉，使这个国家和民族被永世万代地奴役！

鉴于此，我们呼唤历史，唤回那段属于二十世纪的“红色”历史，唤回那段炮火硝烟、颠沛流离的历史，唤回那冲天的狼烟留下的悲壮回忆、岁月年轮沉淀的斑驳痕迹。历史不应该被忽略，更不应该被遗忘，牢记那段革命战争年代的红色历史更是责任。为了那些不应该被忘却的记忆，为了那些不应该被丢弃的信念，于是就有了这套《红色记忆》丛书。

曾记否，当草鞋与意志丈量出来的两万五千里穿越一个伟大民族五千年的荣辱兴衰，革命的火种被一路播撒、一路点燃。人迹罕至的雪山、荒无人烟的草地被鲜血浸透，衬映出一段光辉的里程；万水千山早已被远远地抛在身后，一轮红日在黄土高原磅礴而起。满目疮痍的河山在1936年10月温暖如春……

曾记否，当生命和鲜血浸染的十几年光阴将一种记忆铭刻进一个伟大民族的历史画卷，革命的火焰从星火到燎原。这栏杆拍遍、易水悲歌般的呼号，这折戟沉沙、慷慨赴义的悲壮，这铁马冰河、枕戈待旦的苦战，这红旗漫卷、所向披靡的豪迈……腔腔热血、铮铮铁骨早已被熔铸成一座不朽的丰碑，中华民族从苦难中百死后生的壮丽诗史凝结成了五星闪耀的红色记忆。

曾记否，中华人民共和国成立以来，又有无数英烈接过前辈用鲜血染红的旗帜，或壮怀激烈戍边卫国，或忠于职守鞠躬尽瘁，或绝甘分少奉献大爱，甘做国家强盛、人民富裕的铺路石，成为和平年代民族复兴的荣光，把人民心中的红色记忆浸染得分外鲜艳，永不褪色。

这红色记忆，是信念不衰、志向不改的崇高气节；这红色记忆，是无私无我、生属苍生的博大胸怀；这红色记忆，是敢为人先、披荆斩棘的拓荒精神；这红色记忆，是中华民族最宝贵的精神财富。它告诫我们，人事有代谢，传承无绝期。缅怀先烈精神，继承先烈遗志，是社会的道德和民族的良心，是后来者须臾不可忘怀的本分。

老一代人把历史的真实交付给我们，我们有责任用真实还原历史，传承给下一代，把那段岁月与现在年轻人的生活连接到一起，使他们眼中的历史变得立体、真实、可靠，让历史成为他们前进的动力。本丛书将那些流动的、随时会飘散在时间天际的事件凝固下来，希望透过这些文字、图片，感受到英雄们那坚定的革命信念，感受到那个年代澎湃的革命激情，真切体会那段“红色历史”。

忘记历史，就意味着背叛。让我们重温历史，缅怀先烈，从中汲取力量，毅然前行。

刘栋

目录

CONTENT

忆与邓小平同志的一次会见

文 / 谭善和

谭善和

谭善和（1915—1991 年），湖南茶陵人。1930 年参加中国工农红军，1931 年加入中国共产党。历任红六军团第十七师五十团特派员，红六军团保卫局科长，八路军政治部保卫部科长，冀鲁豫军区政治部保卫部部长，冀鲁豫军区后勤部政委，晋冀鲁豫野战军第十一纵队旅政委，晋冀鲁豫军区司令部军械处处长，鄂豫军区第三军分区政委，第二野战军特种兵纵队副政委，西南军区工兵纵队司令员兼政委，东北军区工兵司令员，志愿军工兵指挥部司令员，军委工程兵副参谋长、参谋长、副司令员，新疆军区副司令员，军委工程兵司令员，乌鲁木齐军区政委。1955 年被授予少将军衔，获二级八一勋章、二级独立自由勋章、一级解放勋章，1988 年获一级红星功勋荣誉章。

1982年8月，中央军委决定将工程兵领导机关改编为总参谋部的业务部——总参工程兵部。原任工程兵司令员的我，在做完交接工作后，静下心来学习了一些文件，还阅读了十几本书。

到了1983年10月上旬，总政治部通知我：中央军委已决定派我到新疆去工作，担任乌鲁木齐军区政治委员。

10月15日，军委的命令下达了。我正在做动身前的准备工作时，忽然接到通知，中央军委主席邓小平同志约我去谈一谈。

小平同志是我的老首长。解放战争时期，我始终在晋冀鲁豫军区、中原军区、第二野战军工作，经常得到刘伯承司令员、邓小平政委的教诲。中华人民共和国成立后，我在西南军区、志愿军、工程兵工作期间，每次见到小平同志，都继续得到他的指教。这次去新疆赴任前，能够与他会面，听取他的指示，我心里很高兴。

10月21日下午，我应约来到小平同志的住地。一见面，他就亲切地问我："你是老红军里的年轻人，也快有七十岁了吧？"

我回答说："我今年六十八岁了。"

小平同志说："不年轻了，但是目前新疆还需要你去，怎么样？身体吃得消吗？有什么困难没有？"

我说："我身体很好，没有任何困难，听从组织上的安排。"

小平同志点点头，接着问："新疆的情况，你大致了解吧？"

我回答道："看过一些文件和通报，另外听新疆来京的同志谈到过一些情况。"

1949年，邓小平和刘伯承在一起

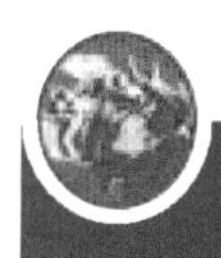

1964 年，时任工程兵参谋长的谭善和（右二）向邓小平总书记（右一）介绍工程兵训练情况

小平同志说："新疆前些年出了一些问题，有的问题还比较严重，比如南疆地区的高旭事件、喀什事件等。喀什事件后，王恩茂同志回新疆工作这一两年，扭转了局面，现在总的形势不错，但有些关系还没有完全理顺，还需要下大力气做工作。考虑到新疆的军队、地方领导干部中，红六军团的老同志比较多，你原是六军团的干部，又在西南少数民族地区工作过，还在新疆担任过副司令员，所以你去是比较合适的。"

思索片刻，小平同志注视着我说："我前年去过新疆，住了十几天。那次我就讲，稳定是新疆的大局，决不允许搞分裂。现在看来，那个话没讲错。你这次去新疆，也还是要强调稳定，强调团结，毫不含糊地反对分裂，要多做促进团结的工作。首先是民族团结，民族团结搞不好，新疆就难以稳定，边防也不能巩固，更谈不上发展经济、改善人民的生活了。可以说，在新疆，离开了民族团结就一事无成。接下来是军政团结和军民团结，军区和自治区之间要齐心协力，互相信任、支援和配合。特别是军区，要支持自治区党委的工作。过去不是常讲军民一致、军政一致吗？军在前嘛，军队的姿态总要更高一些才好。军政团结搞好了，也就为军民团结创造了条件。王恩茂同志在新疆工作较久，你去新疆后，可以多听听他的意见。"

看到我在笔记本上记下了他的谈话要点，小平同志说："我的这些意见可以转告新疆的同志们，在新疆，维护祖国统一是大局，无论军队还是地方，无论

谭善和与战友

哪个民族的同志，都应当从这个大局出发想问题、办事情。希望同志们切实搞好民族团结、军政团结、军民团结，共同保卫边疆、建设边疆，绝不给国外的霸权主义、新疆内部的分裂势力可乘之机。”

在我告辞时，小平同志最后说：“前一段，工程兵精简整编任务完成得是好的，这次你去新疆，相信也能做好工作。”

两天后，我带着小平同志的指示，满怀信心前往新疆任职。

华侨将军陈青山

文/佚　名

陈青山

陈青山，福建惠安县人，幼时随父亲移居马来西亚，1936年加入马来亚共产党，任槟榔屿马共组织和华侨抗日救亡运动负责人。1941年归国参加琼崖抗日游击队独立总队。抗日战争时期，历任琼崖抗日游击队独立第一总队政治部宣传科长、组织科长，第四支队政治委员和琼崖抗日游击队独立纵队政治部组织部部长。解放战争时期，历任琼崖独立纵队先遣支队政治委员，中共琼崖西区地委副书记，琼崖纵队政治部副主任，第三总队政治委员兼中共琼崖东区地委书记，琼崖纵队政治部第二副主任兼组织部部长。中华人民共和国成立后，历任海南军区政治部副主任，广东省军区政治部主任，海南军区副政治委员、广州军区政治部副主任。1964年晋升为少将军衔。

谋活路漂泊槟城

陈青山，原名陈荣火，笔名陈焕。1919年10月出生于福建省惠安县洛阳镇陈埭头村的一个贫苦农民家庭。由于生活所迫，其父亲不得不离开惠安，带着陈青山的大哥远走南洋，流落到马来西亚的槟城并依靠拉人力车谋生。1922年惠安发生严重瘟疫，由于缺少医药，母亲和三个哥哥先后被夺走了生命。父亲在海外得悉家中噩耗后，由槟城赶回家乡，料理完丧事后，含泪将幼年的陈青山带往槟城抚养。

在黑暗的旧中国，人民处于水深火热的深渊之中，漂泊到异乡的华侨命运则更加悲惨。陈青山的父亲在槟城拉黄包车谋生，每天起早贪黑，拼死拼活地奔波一天，也挣不上几个钱，难以养活自己和两个孩子。在万般无奈的情况下，只好将陈青山的大哥送回国内务农，可怜的大哥回国后不久就病故了，全家七口人只剩下父子俩在槟城相依为命。陈青山九岁那年，父亲靠拼命地拉车终于有了些积蓄，找了位继母成了家，并开了咖啡铺养家。为了让陈青山学点文化，全家省吃俭用，供陈青山入私塾读书。陈青山上学后知道自己读书不容易，因此学习格外刻苦，成绩在全班名列前茅。槟城陈氏树堂的董事长陈汉文见陈青山有培养前途，于是提出愿以祠堂资助供陈青山读书，父亲便将陈青山从私塾转入中华中学就读。1935年，陈青山十六岁，以优异的成绩从中华中学的高小部毕业。陈汉文等又将他送往槟城华侨最早创办的钟灵中学继续读书。在钟灵中学期间，他学习更加用功，学业十分优异。他还爱打乒乓球。由于勤学苦练，他的乒乓球基本功十分扎实，在一些比赛中曾取得良好成绩。在学校中，他思想进步，为人正直，乐于助人，当选为校学生会主席。

参加马共的抗日斗争

1931年九一八事变后，马来西亚华侨的抗日呼声日益高涨，陈青山所在学校也响应“马来西亚槟城各界华侨抗敌后援会”的号召，成立了“槟城学生抗敌后援会”组织，他们走上街头进行抗日救亡宣传，组织义演义卖活动。陈青山亦投身于这场伟大的抗日救亡斗争中去，成为积极的参加者和学运骨干。这时，钟灵中学马来亚共产党支部负责人陈文庆见陈青山家庭出身贫寒，为人诚实，办事精明，将他作为骨干来培养，经常向他讲述中国历史上的爱国主义故事和几千年的文明历史，并与他共同探讨人生的意义、祖国的前途和世界的未来。陈青山从中受到极大的教益，懂得了人生的价值就在于要心系祖国，现在祖国正在受难，作为海外游子就要为国家兴亡甘洒一腔热血，才不枉为华夏子孙。

从此，他更加热心“抗敌后援会”工作，并且开始接触了关于共产党的一些知识。在陈文庆的影响下，他逐渐了解了共产党的性质、共产党的宗旨。尤其在“抗敌后援会”组织的抗日救亡斗争中，他切身感受到了共产党的力量和伟大所在，由此产生了要当一名共产党员的强烈愿望。

1936年初的一天，当陈文庆向陈青山介绍了北平地下党领导的一二·九学生爱国运动的壮举时，陈青山情不自禁地抓住陈文庆的手说：“我要是能够回国，做一名冲锋陷阵的共产党员就好了！”陈文庆对他说：“在海外你同样可

1944年，陈青山与何秀英在琼崖抗日根据地

以献身祖国的抗日斗争事业。”并表示愿意介绍陈青山加入共产党。同年3月，陈青山光荣地加入了马来亚共产党，成为一名年轻的华侨共产党员。

1937年7月7日，中国全面抗战爆发，马共组织支援中国抗战的各项斗争也开展得越来越频繁，陈青山受马共的委托，负责学校的抗敌后援会和全槟城学生抗敌后援会的工作。不久，又担任“槟城各界抗敌后援会”的领导工作。1938年他代表槟城学生到新加坡参加全马“学生抗日”代表会议，当选为全马学生抗日会常务委员，分工主持北马（槟城、霹雳州、吉打州）学生抗日的领导工作，并担任马共槟城市委常委。

由于他的革命活动引起了马来西亚英国殖民当局的注意，遭到殖民当局的拘留审查，最后在证据不足的情况下，才得以获释。

正当他日夜为革命活动奔波的时候，他父亲的病情日益加重。一些好心的邻居劝他少管社会上的事情，好让父亲过几天舒心日子。陈青山看到父亲日渐衰弱的身体和憔悴的面容，心里十分难过。但是，他认为从事抗日爱国运动，正是为了让千千万万如同他父亲一样的受苦人不再受苦，怎么能袖手旁观呢？父亲的病要治，但自己肩上的担子也不能放。于是，他一面安慰父亲和亲友，一面继续参加斗争。不久，马共槟城市委得悉，陈青山再度引起英国殖民当局的注意，已被列入准备逮捕的黑名单，于是决定调他到新加坡从事爱国职工运动。虽然父亲病得很重，但他还是遵照组织决定立即离开。为了党的工作需要，他忍痛离开父亲奔赴新加坡，后来马共组织和好友为他的父亲治病并料理了后事。当在新加坡得知父亲已离开人世的消息时，肩负重要革命任务的陈青山强忍住了悲痛，并从中进一步焕发出忘我的工作力量。

1940年初，陈青山担任了星洲总工会宣传部部长、马来亚总工会《前锋报》主编，不久又担任总务（主持人）。为紧密配合国内抗日战争，马共新加坡市委领导各界工人和爱国华侨、青年学生开展了大规模的罢工和罢课斗争，以反对英国殖民当局打击镇压人民群众的抗日救亡运动，并决定由陈青山担任总指挥。5月1日，声势浩大的工人和学生示威游行开始，面对觉醒的人民大众，英国殖民当局惊恐万分，并进行了疯狂的镇压，大批马共党员、爱国华侨、职工、学生被关进监狱。陈青山不幸落入虎口，在监狱中，他被反复审讯拷打，但仍一口咬定是失业青年，使真实身份始终没有暴露。殖民当局在没有证据的情况下，只得以马共嫌疑分子的罪名判处他半年监禁。

在狱中，他见到了马共中央负责人杨少民、张理等二十多人。在杨少民领导下，监狱中建立了临时党支部。杨少民出狱后，陈青山接任书记，继续领导狱友们坚持斗争。服刑期满后，殖民当局宣布陈青山等三百名政治犯和刑事犯为不受欢迎的人，分批驱逐出境。临行前，马共中央派专人看望了陈青山等，交代他到香港后接转党组织关系的手续，并指定由陈青山负责组织领导工作。

归国参加琼崖抗战

1941 年初，他被押送到香港。由于国民党发动皖南事变，陈青山按照马共中央交代的联络暗号以及联络点已无法沟通联络。此时，国民党驻新加坡总领事高凌伯还与英国殖民当局秘密协议，将陈青山等一批抗日爱国华侨由新加坡引渡至中国国内乐昌县（今乐昌市）的“华侨训练班”（即集中营）继续看押。有些华侨爱国青年甚至在此被秘密杀害。

在乐昌“华侨训练班”，陈青山秘密计划了越狱的方案。凭借一次“训练班”“观光”的有利时机，他带领部分难友机智地摆脱了国民党看守人员的看管，最终逃脱。他经韶关、桂林辗转至湛江，终于找到了杨少民和张理等同志。在杨少民的帮助下经中共南方局审查批准，恢复了陈青山等人的党组织关系。

找到党组织后，陈青山即向党组织提出参加八路军或新四军，党组织负责人说：“中共中央和周恩来同志最近指示我们，要组织一批华侨和知识青年去海南岛支援冯白驹同志领导的抗日队伍。你既是华侨，又是知识青年，应带头到海南去。”当听说是党中央和周恩来的指示时，陈青山立即表示坚决服从组织安排，到琼崖去参加抗日斗争。

陈青山抵达琼崖抗日根据地后，立即受到琼崖特委书记兼琼崖抗日独立总队总队长冯白驹、副总队长庄田、参谋长李振亚等领导人的热烈欢迎与亲切接待。冯白驹鼓励陈青山等人在琼崖为抗日战争和今后根据地的华侨工作做出贡献，使陈青山等受到了极大的鼓舞。不久杨少民担任特委组织部副部长，陈青山被安排为总部宣传科科员。参加抗日根据地的公开武装斗争后，对陈青山来说，是从地下秘密斗争转入公开武装斗争，从城市生活转入农村生活的极大转变。海岛内艰苦的高山丛林生活对陈青山来说也是一个新的考验，他努力学习自己过去不熟悉的工作，很快掌握了斗争情况。他认真学习海南方言，很快就能用海南话与当地群众对话，并能够用海南方言给部队讲课。到根据地后一个月，他被任命为总队宣传科长，并协助总队参谋长李振亚创办了《军政杂志》。同年 11 月，琼崖独立总队进行反顽作战。在战斗中，他组织宣传工作十分出色，有力地配合反击了国民党顽固派制造的“反共灭独”的阴谋。1942 年初，陈青山调任总队组织科长。为培养总队各级政治委员和政治工作干部，他奉命主持政工干部训练工作。他为抓好干部训练废寝忘食，勤奋工作。由于他的出色工作，为琼崖抗日独立总队培养了大批优秀的政治工作人员。

1943 年 5 月，琼崖特委和总队领导机关转移至澄迈美厚山区。陈青山调任独立总队第四支队政治委员，与支队长马白山一起工作。由于马白山在作战中负伤，支队的军事领导工作也落到了陈

青山的肩上。同年7月，他亲率第一大队和猛进大队伏击日军运输车队。狡猾的日军见地势险要，便格外小心，还未进入琼崖独立总队伏击圈就下车徒步向前搜索前进。陈青山在两位大队长的配合和协助下，沉着指挥，将日军运输部队全部放进“口袋”后，适时下达攻击命令。经半个多小时的白刃格斗，共击毁日军军车两辆，歼敌三十多人，缴获机枪、步枪数十支。

在此期间，国民党保六团团长和儋县（今儋州市）县长共同指挥顽军一千多人，乘日军“扫荡”琼崖根据地之机，大举进攻木排根据地。为击溃来犯国民党军，陈青山配合马白山依据反“蚕食”斗争的经验，做出了“坚持内线，挺出外线”的决策。并由马白山等坚持内线，陈青山率一个大队挺出外线，寻机打击国民党军，开辟四里根据地。进入四里地区后，陈青山随即抽出一批干部组织工作队，宣传发动群众，建立抗日政权。并组织部队在洛基圩附近全歼了监修公路的一个日军小队，缴获大量武器装备。此后，又歼灭并驱逐了国民党游击大队，使四里成为抗日的可靠后方。在马白山和陈青山领导下的第四支队在反“蚕食”斗争中，不仅保存了和民、和祥、清平、洛基等根据地，还将儋县、白沙边区扩大成为抗日游击区，建立了以大星山为中心的根据地。并为总队进入白沙，建立以五指山为中心的根据地奠定了基础。

同年8月，五指山白沙黎族人民为反抗国民党的暴行，在黎族人王国兴领导下，举行了武装起义，但最后遭国民党军队的残酷镇压而失败。当王国兴派人找到第四支队时，陈青山和支队长马白山立即与王国兴等歃血为盟，并派出武工队进入五指山，帮助黎族人民训练军事骨干。同时吸收黎族群众参加琼崖抗日独立队，从而壮大了抗日力量

坚持孤岛解放战争

抗日战争胜利后，国内出现了暂时“和平”的形势。1946年初，琼崖特委在白沙召开特委扩大会议，分析了琼崖革命斗争形势，认为琼崖内战在即，必须丢掉和平幻想，认真作好准备，以对付国民党的进攻，否则就可能吃大亏。为此，要克服和平幻想，作出争取和平和准备自卫战争的两种准备。陈青山也参加了这次会议，他完全赞成这次会议的正确决定。为粉碎国民党的进攻，特委还作出具体部署：纵队总部随挺进支队进入澄迈一区；第一支队经定安挺出琼文地区；第三支队进至乐东、万宁、陵水地区；第四支队依旧坚持在临高、儋县一带作战。陈青山被任命为（琼）东定（安）地区临委书记兼第二支队（先遣支队）政治委员。会后他与支队长陈武英共同率支队转赴琼东、定安一带开展新的斗争。

1946年2月，琼崖内战爆发。由于敌我力量悬殊，琼崖独立纵队机关被围困在澄迈县一区。为扭转被动局面，根据纵队的部署，陈青山率领先遣支队在澄迈二区牵制国民党军，并有效地吸引了敌部分兵力，掩护了纵队机关的安全。同时，先遣支队还开辟了大片新区，建立了新民县革命政权。4月，中共中央南方局传达中共中央关于要琼纵北撤山东的指示。对此，琼崖特委和纵队统一认识，决定做两手准备。为扭转因北撤指示传达后部队中出现不稳定的局面，纵队发出了“继续坚持自卫斗争”的决议。陈青山坚决执行特委的决议，积极

做好部队的教育工作，使部队情绪很快稳定下来。琼纵北撤因遭国民党阻挠未能实现，同年8月，中共广东区委派人来琼传达了关于琼纵南撤越南的指示。对此，琼崖特委和琼纵领导经过认真的研究讨论，向中共中央提出了继续在琼崖坚持斗争的意见，此举得到中共中央的批准。对此，陈青山亦表现了坚定的态度，满怀信心地贯彻执行中央的决策。

1947年，全国解放战争进入第二个年头。广东国民党当局将五个保安总队由大陆调琼以替代调往山东作战的国民党第四十六军。鉴于斗争形势的变化，琼崖特委根据中共中央的指示，为建立一个稳固的解放区，以配合全国解放战争，最后完成解放海南岛的任务，部署了进一步巩固解放区的工作。在此期间，将琼崖六个临委调整成东、西、南、北四个地委，实行党政军“一元化”的领导。杨少民任西区地委书记，陈青山为副书记。为积极协助杨少民工作，陈青山为西区的土改运动和巩固扩大西区做了大量工作。同年10月21日，中共中央军委决定将广东省琼崖游击队独立纵队命名为中国人民解放军琼崖纵队。

1948年初，陈青山调任纵队政治部副主任兼组织部部长。在主持政治部工作期间，他强调纵队要注意学习野战军的政治工作经验，提高指战员的政治思想素质。当年秋，琼崖区委和纵队任命陈青山为东区地委书记兼琼崖纵队第三总队政治委员。1948年秋至1949年夏，他率领总队先后参加了琼纵发动的秋、春、夏三大攻势，和其他总队共同歼灭国民党军三千八百多人，解放县城三座、墟镇三十多座，使解放区扩大到占全琼约三分之二的面积。在此期间，他还承担了训练干部、编写教材、主讲课程等政治教育工作。为部队开展以诉苦、“三查”“三整”为重要内容的新式整军运动，为琼纵革命化正规化建设作出了很大的贡献。

陈青山（右四）在马来亚钟灵中学就读

红色记忆

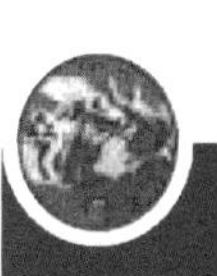

琼崖鏖战迎曙光

1949年12月，中共中央军委和毛泽东发出了解放海南的命令。琼崖区党委和琼纵积极准备接应和配合大军渡海作战。此时，陈青山被调回纵队任政治部副主任。

1950年3月初，陈青山为加强第一总队指挥，由纵队政治部下到第一总队。一到部队后，他立即传达了区党委和纵队的指示，保持了与纵队的无线电联络。同时与地方领导干部一起组织好支前工作，随时准备接应渡海的野战军部队。

为选择好登陆地点，他与第一总队领导派出多股侦察力量，反复侦察国民党军防御部署，摸清敌兵力配置情况并弄清了琼西国民党驻守部队为一个军共三万多人。其中第六十四军军部在临高的加来，第四军军部在儋县的那大。由儋县的海头港到白马井近百里的海岸线上，仅有国民党军一个团防御，是其防守的薄弱环节，是野战军部队登陆的最理想地点。他及时将此情况报告纵队总部，冯白驹根据陈青山的报告向第四野战军第十五兵团邓华司令员等提出了比较理想和安全的登陆点的建议。

从3月1日开始，陈青山带领第一总队冒雨进行了连续三昼夜的行军，穿过国民党军重重封锁，运动至野战军奇袭部队登陆点儋县丰猛林地区，进行隐蔽待命。

当3月5日下午，第四十军第一一八师第三五二团渡海先锋营近八百人在师参谋长苟在松等率领下，乘十四艘木帆船由雷州半岛起航后，陈青山即率第一总队于6日凌晨开始包围登陆点附近国民党军据点和阻击白马井的来援之敌，由此控制了登陆地区。但是，由于海潮和风力的影响，渡海登陆部队迟迟未能出现在预定登陆地区。加上此时，国民党守军已发现了陈青山所率接应部队的活动并开始进行疯狂的火力封锁。为顺利接应渡海部队，陈青山指挥第一总队坚决将守敌嚣张气焰压下去，从而确保了登陆地区牢牢掌握在第一总队的手里。

直到下午3时，渡海部队冲破敌机和敌舰的阻挠，开始登陆。于是，陈青山指挥接应部队以猛虎下山之势冲击海边防御之敌，歼灭了据守登陆点地区的两个连的国民党军，从而使先锋营迅速登岛。先锋营登陆后，陈青山一面组织部队抢救伤员，一面派出部队掩护登陆部队进入安全地区。

3月8日，正当陈青山部和渡海先锋营两支部队会合并休整的时候，国民党军两个师尾追而来，企图趁琼纵和渡海野战军部队立足未稳，一举歼灭。陈青山等当机立断，命令第一总队第九团掩护渡海部队后撤，以保存实力，避开敌军锋芒，使尾随的国民党军企图落空。3月12日，渡海先锋营和第一总队接应部队联合召开胜利会师庆祝大会。会上，由陈青山宣读了中共中央华南分局、第十五兵团和中共琼崖区党委、琼纵发来的嘉奖令，先锋营和琼纵第一总队士气进一步高涨。

3月19日，根据纵队和渡海兵团第四十军的电示，陈青山和苟在松立即率部向儋县西北部挺进，准备迎接第二批渡海部队登陆，并组成了以陈青山为首的琼西接应指挥部。为接应第二批登陆部队，陈青山和苟在松等派出少数部队在登陆点相反地区活动以迷惑和牵制敌人，主力则利用暗夜迅速接近登陆地区。

陈青山少将

陈青山和海南军区副司令员马白山

但是，第二天晚，当接应部队抵达预定登陆地区东成时，发现国民党第一五九师等部已察觉渡海兵团的第二批部队抢渡企图。于是，陈青山立即命令部队停止前进，并电告第四十军军部，由此使渡海部队果断地取消了原定登陆方案。

此后，第四十军登陆部队因风向等原因，两次改变登陆地点。在复杂的敌情下，陈青山利用良好的群众基础和熟悉海南地形等条件巧妙地隐蔽了部队，迷惑了守敌。结果接应部队在守敌眼皮底下潜伏了三天三夜。直到27日，渡海兵团登陆奇袭部队渡过琼州海峡逼近登陆地区时，陈青山适时指挥接应部队发起攻击，突破敌防御战线。当登陆部队遭受风向的影响，改在澄迈玉包港一带强行登陆时，陈青山指挥接应部队顽强御敌，面对国民党军一个师的攻击，不惜任何代价，全力接应渡海部队，确保了登陆部队在玉包港顺利登陆。是役，陈青山指挥的接应部队伤亡了二百多人，歼敌数百名。为掩护登陆部队登岛作出了重要贡献。鉴于偷渡部队多批多次的潜渡登陆成功，主力大规模登陆作战时机已经成熟。遵照渡海兵团命令，冯白驹决定由马白山、陈青山、刘振华、陈求光、苟在松组成西路纵队，由马白山、陈青山分别任司令员和政治委员；苟在松和刘振华为副司令员和副政治委员，率领琼纵第一总队和第四十军上岛部队赶往临高的东英、美夏沿海，负责接应第四十军主力登陆。

4月16日，大规模渡海作战开始。17日，第四十军主力在临高角登陆。岛上接应部队在陈青山等指挥下，向临高角一带海岸守敌发起攻击，相继攻占了美夏、昌拱、东英和高山岭等地。并利用缴获敌野炮向正在阻击渡海登陆部队船只的军舰射击，并击毁了敌在岸上的碉堡，同时派出部队抢占了滩头阵地，为渡海登陆部队开辟了登陆场。当部队胜利会师时，第十二兵团副司令员兼第四十军军长韩先楚决定让陈青山和马白山、刘振华率琼纵第一总队和第三五二团两个营，去歼灭驻守在临高县城的国民党守军一个师。顺利完成任务后，又命令他们率部追歼向三亚方向溃退的琼崖守军薛岳部。

5月1日，海南岛终于宣告解放。南海宝岛终于回到了人民手中。此后，陈青山接受率部剿匪的作战任务。同年7月，琼崖纵队奉命改编为海南军区，陈青山任海南军区政治部副主任。同时，他还担任海南剿匪指挥部副总指挥，在琼西崇山峻岭中，剿匪斗争取得了很大成绩，直到1951年海南残匪基本肃清。

为保卫南疆再立功勋

1954年，海南军区与第四十三军合编为海南军区兼第四十三军，陈青山担任政治部副主任。他尊重野战部队的北方干部，虚心向他们学习作战和管理部队的好传统及优良作风。他处处以普通士兵的身份出现，被干部、战士誉为“和蔼可亲，平易近人”的好领导。他对工作一丝不苟，要求十分严格。他坚持原则，是非分明。他几乎将心血全部花在了海南这块战斗生活过十多年的宝岛上。1955年，他被派往中国人民解放军政治学院速成系（第一期）学习。在一年半的学习中，他刻苦学习马列主义理论，理论联系实际，认真研究部队政治工作的经验。1957年7月，他以优异的成绩毕业。

1955年，他被授予人民解放军大校

军衔以及二级独立自由勋章和二级解放勋章。9月，他调任广东省军区政治部主任。

1959年，他调回海南军区任副政治委员，此后被选为海南军区党委副书记、纪检会书记，分管干部、纪检以及民兵工作，工作十分出色。他按照上级指示，将党管武装、民兵工作列入地方党委议事日程；坚决执行民兵工作必须紧紧围绕党的中心工作以及大力发展生产的方针，使全区民兵工作取得了优异成绩。许多人武干部将这一时期的工作称之为民兵工作的“黄金时期”。

1964年，陈青山晋升为少将军衔。此后不久，他担任了广州军区政治部副主任。在新的岗位上，工作面更宽，他对自己工作的要求也更高了。他始终勤勤恳恳、兢兢业业，努力做好军区党委分工的各项工作。他工作经验丰富，善于总结经验并发现问题，注意将点上的典型经验，推广到面上去，以推动面上工作的开展。

霜重叶更红

1984年秋，他响应中共中央号召离职休养。离休后，他常以“老骥伏枥，志在千里，烈士暮年，壮心不已”的名句来勉励自己，认为自己身体尚健，壮志犹在，因此，决心在有生之年为党、为人民贡献余热。

考虑到他在海内外归侨中的影响和威望，广东省侨联请他担任省侨联顾问，他不嫌“官小”，欣然从命，并表示：

“不在于官大小，只要能为人民办点事，不让余热化灰就行了。”

此后，他当选为全国侨联委员，1990 年被聘任为全国侨联顾问。他还担任广州新马侨友会名誉会长、海南新马归侨联谊会名誉会长等职务。他协助侨联为归侨落实政策，平反冤假错案，尤其在为落实归侨工龄方面做了大量的工作。

为了写好党史，教育下一代，陈青山积极参加指导海南党史、军史的编写工作，并担任海南党史研究委员会副主任和广东人民武装斗争编纂领导小组副组长以及《琼崖纵队史》编写组的顾问。他在审查稿件和定稿工作中坚持原则，团结同志，妥善解决了一些分歧的意见和争论，使得《琼崖纵队史》于 1986 年公开出版。

1988 年海南建省，他十分激动。除继续参加海南党史、军史的编写工作外，还在广州发动海南同乡为家乡作贡献。不久，他被选为振兴海南联谊会会长。为办好联谊会，他不辞劳苦，先后出访泰国等国，向海外华侨介绍国内改革开放的大好形势，发动海外琼侨为开发海南积极投资。他这种热爱海南、关心海南建设的精神，深得海南人民的赞誉。

1988 年 8 月，陈青山将军被授予一级红星功勋荣誉章。

陈青山十分爱好体育运动，他还担任广州市乒乓球协会名誉主席、广州地区健力宝老年人乒乓球联谊会会长，广东省老年人体育协会顾问、省老干活动中心象棋队名誉会长、舞蹈协会名誉会长等职务。他关心并参加有关体育活动，为推动老年体育运动工作作出了贡献。

党的十四大召开后，陈青山认真学习了十四大文件，并表示要在有生之年继续为社会主义的改革开放事业努力工作，做一些力所能及的事情，为海南、广东的经济建设和社会主义精神文明建设的发展贡献力量。

（本文由福建省归国华侨联合会供稿）

出生入死撼敌胆

——记王克仁烈士

文/殷光涛

王克仁，原名王世友，1914年出生于黑龙江省穆棱县（今穆棱市）下城子西屯保安村一个中农家庭里。他从小聪慧好学，本族的一个叔叔不忍心让他一辈子当农民，就在他十岁时，为他请了一位老师，联合本村的两个家族一起办了一个学馆。由于经济原因，学馆只办了一年。十二岁时，堂叔资助他进下城子小学读书，毕业后在八面通第二完全小学校做堂役。

年轻的王克仁，很关心国家大事，仇恨日本帝国主义侵略东北的罪行。他决心不当亡国奴，要为抗日救国活动尽到自己的匹夫之责。平时，他除了做好杂活，细心地照料一些未成家的年轻教师的生活外，还积极参加教师们的抗日活动。1933年5月，他参加了李范五组织的反帝大同盟。在第二小学校共产党员的帮助下，逐步接受党的教育，不断提高思想觉悟，提高对抗日救国的认识。

东北抗日联军第二路军正式成立后，周保中任总指挥兼政治委员

同年6月，中共穆棱县委书记李范五以小学教师的身份为掩护，在穆棱八面通第二完全小学校设立了县委机关，领导开展党的地下工作。这时，十八岁的王克仁主动承担抗日工作，参加党领导的各项抗日斗争，自觉接受革命思想和党的考验。不久，经李范五介绍，王克仁加入中国共产党。

王克仁入党后，党组织交给他的任务是：联系和掩护狍子沟反日会（反帝大同盟改称“反日会”）人员到八面通镇内开展活动，并向党组织及时汇报情况。狍子沟反日会人员和他取得联系，并在他的掩护下，利用夜间开展活动，召开群众会、撒传单、贴标语。党组织为了防止反动当局的抓捕，让王克仁秘密通知反日会人员及时撤离八面通镇，到城外各村进行活动。当反动当局发觉开始抓人时，却见不到反日会会员的影子。不久，狍子沟、百草沟、向阳、火车站等地的抗日活动又很快地活跃起来了。

1934年初，王克仁调到宁安县（今宁安市）领导青少年抗日救国会，秘密组织抗日少年儿童团。当时的条件极其艰苦，宁安县城郊区的老田头的瓜窝棚，既是他的宿舍，也是他的办公室和指挥部。在这里，他写标语，油印宣传品，到群众中广泛散发，鼓动群众参加抗日救国活动。他以一名新党员的青春活力和政治热情，夜以继日地工作、战斗，以其出色的成绩，展示了他优秀的组织、领导才能。

1935年至1936年初，中共吉东特委在穆棱县下城子河西屯建立，王克仁任共青团吉东特委委员。正逢中共宁安县委遭敌特破坏，他不惧险恶，机智巧妙地摆脱跟踪的敌人，及时把危急情报反映给县委书记和中共吉东特委，并且主动去通知党员、团员迅速转移。由于他的机智果断，使敌人企图一网打尽我地下党组织的阴谋遭到破产，为党组织和同志们的安全转移赢得了时间。

1936年，王克仁调任抗联第五军五团政委。由于他作战英勇，身先士卒，爱护战士，善于做思想政治工作。1937年，被调到抗联第九军二师任政治部主任。1937年3月19日，在抗日联军临时指挥部总指挥周保中的指挥下，第三、第六、第八、第九军及第四军先遣队步骑兵计七百六十多人，联合攻打松花江岸重镇依兰。王克仁率领部队参加了此次战斗。此战，共消灭日伪军三百多人，伤伪军数十人，俘伪军二十五人，给敌人以沉重打击，扩大了我军的声威，鼓

舞了广大群众的抗日热情。

1938 年春，日军在抗联活动的山区边沿制造无人区，企图切断抗联与人民群众的血肉联系。一天，伪宝清县县长率伪军去双柳河一带烧房并屯。王克仁得知这一情报后，率领二百多人，埋伏在敌人必经之路黑牛王屯。下午 3 时，当伪军走进埋伏圈后，王克仁以枪为令，并高喊：“打！”顿时，枪声四起。毫无防备的伪军被打得晕头转向，叫苦连天。抗联战士们越战越猛，几乎弹无虚发，天黑前，战斗就结束了。除少数敌人逃脱之外，多数敌人被当场击毙，横躺竖卧地倒在路上。6 月 22 日，王克仁率领九军骑兵队，袭击宝清西郊马棚，获军马二十六匹。26 日，王克仁部又会同五军骑兵一部，在宝清西花砬子，成功地袭击敌人运输大队，击毙和俘虏敌军二十八人，缴获轻机枪两挺，其他枪支三十二支，弹药两千多发，军马四千匹。1938 年秋，第九军各部分散活动。王克仁率队在黄鼠狼子沟一带活动，被敌军尾随，当部队行至河边时，双方发生激烈战斗。王克仁当机立断，率警卫排阻击敌人，命令大部分战士上船渡河。他带领战士们沉着回击，接连打退敌人三次疯狂进攻。在敌机枪封锁河面的紧急情况下，王克仁指挥战士急速上船渡河，安全突出包围圈，使敌人的围歼计划成为泡影。10 月 1 日王克仁部和二路军总部直属队在周保中同志率领下，从下江地区西移到林口县，急需补充给养、冬服。通过伐木工人得知日军一支工程队的实力情况后，在工人协助下连夜偷袭日军工程队，大获全胜，解决了急需的给养和服装。

1939 年春，在中共吉东省委扩大会议上，王克仁被任命为抗联第五军政治部代理主任。根据省委和抗联二路军总部指示，王克仁和柴世荣军长率领抗联五军一部和教导团，突破日伪军包围向南挺进，迎接和集拢西征期间留在五常县（今五常市）境内的抗联各分队。首先，第五军兵分两路，由王克仁率先头部队，巧妙穿插，沿乌斯浑河左岸，隐蔽行军三昼夜。18 日晨，通过龙爪沟，从林口的向阳车站，越过图佳线，向穆棱方向疾进。被敌人发觉后，王克仁率部假装奔袭密山县（今密山市）平阳镇。敌上当，急忙派重兵部署在梨树镇、平阳镇附近，妄图一举歼灭第五军。当王克仁率先头部队行至梨树镇西北红石砬子时，突然沿山南行，从穆棱西部穿越铁路线，使敌部署落空。接着，我军以快速动作，于 22 日夜从容越过中东铁路，沿山向南前进。为摆脱敌人追兵，柴世荣、王克仁等商议在泉眼河设伏。第二天，日伪军数百人果然追踪而至，王克仁指挥战士集中火力，狠狠打击日伪军，经过五小时激战，我军顺利转移。王克仁在率部冲锋时不幸中弹牺牲，年仅二十五岁。

（本文由牡丹江市博物馆和烈士纪念馆供稿）

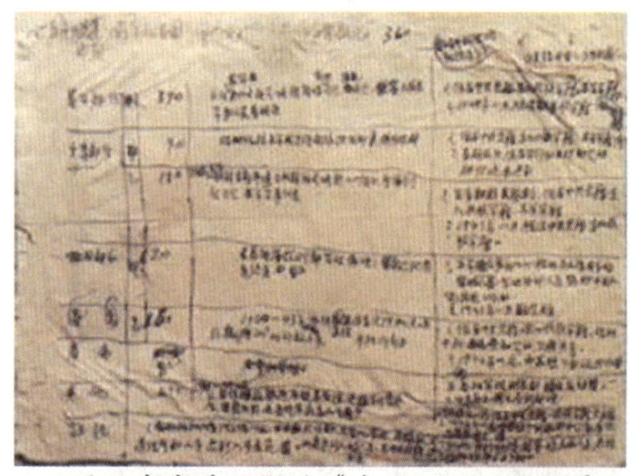

周保中亲手绘制的《东北抗日联军人员分布概况表》

女红军岁月撷华——蔡畅

文/江　山　王　忱

蔡　畅

1960年，邓小平、蔡畅出席国际妇女节五十周年大会

蔡畅（1900—1990年），中国妇女运动领导人之一，湖南湘乡（今双峰县）人。中华人民共和国成立后，历任中华人民共和国中央人民政府委员，中共中央妇女运动委员会书记，全国妇联第一至三届主席，第四届名誉主席，全国人大第一至三届常务委员会委员，第四、五届常务委员会副委员长，中共第七至十一届中央委员。

1937年，美国记者海伦·斯诺曾对女红军蔡畅有这样的外貌描写——她身材瘦小，仪容优雅，女性气味十足。说法语时口音柔和，略带咬舌音，这尤其使人感觉她具有女性的风度。她容貌出众，长着一副瓜子脸，高高的颧骨，尖尖的下颏，脸上常带着动人的笑容，露出一排健康的牙齿；尽管因为久经风霜，脸上已有皱纹，但想来她年轻时一定很漂亮。她举止温柔娴静，可是很容易觉察到她是位有个性和毅力的妇女。刚一见面，我就很喜欢她。

蔡畅复姓蔡林，名咸熙。1900年5月14日出生于湖南湘乡（今双峰县）。蔡畅与蔡和森两兄妹出生于一个破落地主家庭，他们走上革命道路，离不开母亲葛健豪的教育。葛健豪崇尚进步与文明，认定新式教育才能使民智国明。她变卖自己的金银首饰，供自己的两个孩子上学，1913年，蔡和森就读长沙第一师范，蔡畅读周南女校，在此发挥了自己的文艺和体育天赋。

1916年，十六岁的蔡畅在校长朱剑凡的帮助下，在周南附小留校教体育，每月八元的薪金虽不多，却也大大缓解了家中的困难。周南附小是蔡畅做妇女工作的起点，她教育的女生，个个生龙活虎，篮球、田径、垒球样样精通，性格也豪爽大方，大扫旧社会少女所常有的闺秀病弱之气。

1917年，蔡畅跟随兄长蔡和森，加入了毛泽东、萧子升等创立的进步青年团体——新民学会，指点江山，激扬文字，好不意气风发。

1919年12月25日，经法华教育会安排，蔡畅赴法参加勤工俭学，就读于蒙达尼女校。

当时，法国左翼运动高涨，一些中国留学生成为马克思主义者。在哥哥蔡和森的介绍下，蔡畅认识了李富春，李富春心思缜密，性格温和，曾经在施奈德兵工厂当钳工，后来又成了火车修理工。年轻的他眉清目秀，曾细心地照顾生病的葛健豪，与蔡畅不仅谈社会主义理想，更谈文学艺术，两人之间慢慢产生了感情。1923年3月的一天，他们结为夫妻。

也是在这一年，蔡畅加入了中国共产党，不久，李富春和蔡畅前往莫斯科东方大学学习。他们夫妻之间非常恩爱，常常很自然地流露出夫妻间应有的亲昵。引得当时还比较封闭的国人非常惊叹，在苏区时，常有百姓感叹他们是天造地设的一对夫妻楷模，在长征行军的时候，还有相熟的干部对蔡畅开玩笑：“等会儿见到李大哥，可有情书要传递？”

1925年，蔡畅和李富春回到了中国，投入大革命，蔡畅先后担任中共两广区委妇委副书记，同时出任国民党中央妇女运动讲习所主任、国民革命军总政治部法文翻译、中共江西省委和湖北省委妇女部部长兼北伐军政治部宣传科科长等职务。她协助何香凝开展妇女运动，虽然当时年仅二十五岁，但因为干净利索的工作作风，经常被群众称为“蔡大姐”。蔡畅安排讲习所课程，培养妇女干部，还经常检查“贫民医院”和“党立红十字会”等专门为穷人看病的医院的工作。

在武汉的时候，蔡畅致力于发展妇女协会的工作。1927 年 3 月 8 日，湖北省第一次妇女代表大会在武昌青龙巷召开，在武汉造成了很大的影响。妇协成了广大妇女的“护身符”，不仅打骂老婆和侮辱婢女的事情妇协要管，而且许多无家可归的女子到了妇协之后就不走了。没有经费，蔡畅就动员大家想办法，办起了一个娱乐部，让两位老艺人在汉口租场子进行义演，解决了部分投奔妇协的妇女的食宿问题以及日常办事的部分经费。

在大革命失败乃至“清党”时期，蔡畅的两个哥哥和一个嫂子因为革命被杀害，还有一个嫂子和侄子被关进监狱，但是蔡畅没有对此流露出太多的悲伤，而是将其看作革命过程中必然要付出的代价。她说：“在革命过程中，残酷的打击和不幸的遭遇总是难免的。我的损失比徐海东小得多，他全族近七十人都在湖北被杀害了。”

这段时间，蔡畅与李富春一起住在上海、香港，从事地下工作，其间还前往莫斯科参加了党的六大。1931 年 11 月，蔡畅和李富春秘密进入中央苏区。

长征中的红军女干部，左起：陈琮英、蔡畅、夏明、刘英

因为工作能力强、资历老，加之人缘好，蔡畅在中央苏区担任了江西省委组织部部长、白区工作部长及江西省苏维埃政府工农监察委员会主席等职。虽然蔡畅的工作都非常重要，地位也是非常高，但是她不是一个看重功名资历的人。她的想法是提拔更多的基层干部，让更多的人肯干、会干、能干，将他们安排到工作岗位上。为此，她经常把一些重要的职务交给苏区新发展的年轻干部，而自己带头与其他富有经验的干部们甘居幕后，辅佐、帮助和锻炼他们。比如，

杨尚奎、罗孟文、谢明仁、钟循仁、李美群、万香、黄长娇、谢玉钦等，都是被蔡畅所培养出来的本地干部。

在苏区，蔡畅喜欢下乡巡视，她由衷地喜欢那首《苏区干部好作风》的山歌，正如歌中所唱："苏区干部好作风，自带干粮去办公。日着草鞋走山路，夜打灯笼访贫农。"蔡畅巡视的时候，遇到问题就及时处理，好人好事她记在心里，随时准备表彰和上报。遇到坏人坏事，她的心里更是有本账，有些问题她会直接发动群众对那些做错事的人进行批评和教育，对一些性质恶劣的事件，她就以工农监察委员会主席的身份进行法办。当时农村有不少家庭仍然存在着歧视和殴打妇女的行为，每遇到这样的事情，她都会尽量调解矛盾，或者说服教育，但是蔡畅也有不能容忍之事，比如对溺弃女婴，她一定是要依法制裁的。制裁的同时，她也尽力设法让政府把工作做得更周到，以便使老百姓育儿的负担能够减轻，这样就控制了溺弃女婴等行为发生的动机。她召集妇女干部开会，组织起各村的老婆婆，成立"带孩子组"，保证孩子们能够得到最好的照顾。

巡视除了发现问题，当然还要发现人才。兴国县委妇女部长李美群，是个著名的扩红模范，蔡畅注意了她很久，以后又一起访贫问苦，调查研究，晚上在一个床上睡觉。李美群的丈夫钟延章刚刚牺牲，她沉浸在悲痛之中，非常抑郁。蔡畅想方设法地安慰她，也举自己的例子，向她讲向警予和蔡和森烈士的英雄事迹和壮烈的牺牲。她说："这些暴行吓不倒我的，反动派这样做，只能使我更加坚强！"李美群听了之后，深受鼓舞，继续努力为革命工作。

很快，苏区的红军指战员以及干部群众就发现了一个小规律——凡是和蔡畅因为感情以及爱情问题促膝谈过心的人，过不了很久就会收获一个爱人。后来在延安流传着这样一个故事：有一次蔡畅到中央党校，看到一个女生正因为失恋而抽泣。她关切地对女生说道："你这么年轻，工作、学习又好，他不爱你了，不要哭，会有人爱你的。"话虽是这么说，可在蔡畅的精心"运筹"下，姑娘不久就发现自己所眷恋的小伙像被施了魔法，红着脸来重归于好了。

为了进一步锻炼李美群，组织任命

李美群去少共江西省委组织部当部长，李美群觉得自己只是个普通农妇，没有信心干好这样重要的工作，于是希望让蔡畅把这份工作交给别人。蔡畅教育了她一番，告诉她要服从组织的安排，正确处理组织和个人的关系，并同时给予她极大的信任，于是李美群答应赴任。后来李美群通过自己的努力，加上同志们的帮助，工作干得有声有色，能力也有了很大提高。不久，李美群又升任江西省委妇女部长，虽然工作的担子更重了，但是她一样做得很出色，成为中央苏区有名的妇女工作模范。她的成长，离不开蔡畅付出的心血。

蔡畅赞赏中央苏区客家妇女的勤劳和勇敢，她常说："当地的妇女干部，有惊人的记忆能力。开会布置工作，她们一个字也记不下来，回去全凭记忆传达，基本精神都能不丢不漏，请她们汇报工作，她们也靠记忆说，有条有理，有全面情况，有典型例子，连数目字也不会有差错，这样的妇女干部如果有了文化，就如虎添翼了。"

于是，蔡畅想尽各种办法提高妇女干部的文化水平。她在中央苏区举办妇女干部训练班，常常亲自监督和帮助女干部们提高文化水平，要求十分严格。她曾经亲自给危秀英和邓石香等女党员干部订了学习计划，规定她们早上五点就要起床，学一个小时的文化课再干别的事，还手把手地教她们写字。危秀英郁闷地说："蔡大姐，我不学了，这支笔比锄头还要重。""学写字就像缠小脚一样，苦过一阵子就好了。"蔡畅毫不含糊地回答。

蔡畅对于个人的私有毫无概念，凡是自己有的东西，她都要拿出来和同志们一同分享。每次一分伙食尾子，相熟的一些同志就要求她请客。"蔡大姐，请客哟！给大伙打打牙祭"，带头的不用说，一定是陈毅。如果没有陈毅带头，许多同志也会这样表达。有一次邓小平在宁都劳动，遇到了危秀英，他面有菜色地说："秀英你要回省委吗？告诉蔡大姐，我在这里吃不饱饭，肚子饿得紧。"

听到邓小平诉苦，危秀英连忙把事情告诉了蔡畅，蔡畅就和李富春一起找出两份伙食尾子，加上危秀英的那一份，到街上买了两分钱的猪油，以及大蒜、辣椒。蔡畅用这些料炒了一盘菜，煮了一脸盆干粮，叫危秀英去招呼邓小平来吃。听到有饭吃，邓小平连声说："好好好，走走走。"然后风卷残云，美美地吃了一顿饭。

蔡畅从来不计较自己能不能吃饱，她和李富春每次都要省下些饭菜留给饭量大的年轻人。别看危秀英个子小，但饭量大，如果蔡畅和李富春去开会没有回来，她和几个小伙伴往往会忍不住把所有的菜都吃光，只留下菜汤给晚归的蔡畅夫妇。蔡畅见状，不仅不生气还会打趣说："你看年轻的同志一上桌子就打冲锋，三五下一盆菜就没了。我们是打扫战场的专业队，所以吃点菜脚子。"

这时几位年轻人感到挺不好意思，他们在心里默念，下次少吃点，可是真到了下次，冲锋照样很猛烈。一次又一次地面对剩菜汤之后，蔡畅夫妇决定想法找来几个辣椒切碎拌些盐下饭，省得在菜汤里找菜了。

1934 年，蔡畅与李富春一起参加了长征，因为事务繁忙，两人见面并不多。这段征程蔡畅主要和勤务员曹昌以及马夫萧贤忠度过。蔡畅像一个真正的姐姐那样督促他们洗脚，注意卫生以避免病倒，然后给他们讲故事，教小曹文化，一起挖野菜、搓青稞面。

在这段作战频繁、行军艰难的日子里，蔡畅是女红军里最精神焕发的一个。虽然她胃病不轻，可很少骑马，更不睡担架，还经常给大家唱《马赛曲》《国际歌》，激励战士们的斗志，鼓舞他们前进。

蔡畅唱完歌，组织上分配给她来照顾和培养的“红小鬼”殷桃就会第一个鼓掌，三十多岁的马夫萧贤忠轻轻地把骑在蔡畅骡子上的伤病员扶下来，送到医院去。然后，老萧就开始细心地擦洗着骡子，而蔡畅则在一边，听取着同志们的工作汇报。

听完汇报，蔡畅还要细心地看看大家的脚，然后不厌其烦地督促大家烧水泡脚，挑破那些因走路太多而磨出来的

周恩来夫妇同李富春、蔡畅留影

水泡泡，怕男同志不细心，她还要专门叫老萧和殷桃揪着他们去泡脚。

蔡畅的工作繁忙，因为她要负责地方群众工作。突破了国民党军第一道封锁线后，红军就进入了白区，苏区的钞票也就不能使用了。蔡畅的爱人、红军总政治部代主任李富春根据没收委员会拟定的文稿，发布了一个《没收捐款暂行细则》，提出红军新占的县城，一切没收、征发、捐款等工作，都由进城部队的最高政治机关及没收委员会统一进行。这样一来，蔡畅就更忙了，因为她还得参加没收工作。

没收的同时，细心的她记着每一位同志的需要，光着脚的刘英没有鞋穿，她设法从没收物品里面寻了一双小布鞋给刘英；曾玉生了孩子，体格虚弱，蔡畅就找奶粉等营养品送给她。每一个同志的苦与乐，蔡畅都看在眼里，记在心里。危秀英等一干小女孩依然像在苏区那样能吃饭，有一天蔡畅招呼危秀英、廖似光、刘彩香、邓六金等四个人吃饭，结果自己的一盆干粮都被吃光；过雪山的时候，邓六金吐血，蔡畅一直到陕北都记得，给邓六金送药的同时还嘱咐她先别着急工作，把身体养好再说。

蔡畅在长征途中坚持与大家待遇平等。有一天，部队宿营在一个叫分水岭的小山，看到又下大雨，老萧找了一处地势稍高的土坡，然后用绳子把蔡畅的雨布挂在小树枝上，这样就搭成了一个帐篷。搭完帐篷，他和曹昌一起戴着破斗笠，去找个地方睡觉。

可是蔡畅生气了，她把他们拉了回来，要他们背靠背和自己一起到小帐篷里挤。雨衣披在蔡畅和曹昌的身上，斗笠放在老肖的腿上，虽然三个人都淋到

了一点雨，可是心里却是温暖的。

到达陕北后，蔡畅担任中央妇委书记，成为享誉国内外的妇女领袖，此后她担任全国妇联主席、党组书记等职务数十年之久。后来，她为响应中央废除干部领导职务终身制的号召，先后辞去了自己担任的一切领导职务。

1975 年，曾任中共中央政治局常委、国务院副总理的李富春逝世，蔡畅以李富春和自己的名义，分两次把全部积蓄十三万元，作为党费捐出。秘书劝她留一点给自己的亲属，她说：“他们都有自己的收入，钱够花就行了。这些钱是党和人民给我们的，应该交还给党和人民。”

见到“老乡”朱老总

口述 / 鲁世贵　整理 / 陈战峰

1935年5月，我们红四方面军第九军驻扎在川西北达维镇，上级命令我们在地势险要的夹金山、牛头山等地担任警戒任务，迎接中央红军的到来。

6月中旬，红一方面军来到达维镇附近。首先发现他们的是我们放在夹金山附近的排哨。因为阴雨天气，云雾缭绕，双方都看不清对方，排哨误以为对方是敌人，便开枪报警，与他们的尖兵营交火。一个哨兵被红一方面军“俘虏”了，一问才知道我们是红四方面军的。对方赶紧吹号联络，可当时没有统一的号谱，我们听不懂他们的号声是什么意思，双方就这样僵持着。后来，红一方面军干脆把红旗举起来，这下我们才知道是中央红军到了。

朱德元帅

哨兵赶紧大声喊道：“不要开枪了，中央红军到了！中央红军到了！”

红一方面军到达达维镇时，天已经黑了，我们燃起篝火，敲锣打鼓，夹道欢迎，还有一百多名司号员吹起军号，大家振臂高呼：“欢迎中央红军！”锣声、鼓声、号声、喊声响彻云霄。

晚饭后，部队在喇嘛寺召开联欢会。演出前，师领导说，朱总司令要参加会师部队的联欢会，一听到这个消息，大家欢呼雀跃。我们早就听说过，朱总司令足智多谋，指挥红军一路打了很多胜

红军总指挥朱德（站立者）向红军指战员讲话

在中央苏区，毛泽东（右二）、朱德（左二）与红军将领合影

仗，令敌人闻风丧胆，大家早就盼望能一睹总司令的风采。

朱总司令长得是什么样？

“一定很威严、很威风”，大家相互议论着。

正当我们议论纷纷时，朱总司令来了！他一身戎装，双目炯炯有神，面带温和笑容，不时与在场的官兵握手。看到总司令那么和蔼，那么平易近人，很多站在后排的战士都争着往前挤，向他敬礼。

总司令走到我们演出队跟前。

平生第一次见到这么大的首长，我的心咚咚跳个不停。

“小鬼，你多大了？”“小鬼，你啥子时候参加革命的？”

总司令逐个关切地问，大家逐一回答。

“小鬼，你是哪里人？”总司令问我。

“首长，我是四川达县的。”我回答。

“你也是四川的，我们可是老乡啰！”总司令用略带四川味的家乡话对我说。我一紧张，竟然忘了怎么回答。

看到总司令那么随和，现场的氛围更加热烈起来，军领导示意大家安静，请朱总司令给大家讲话。

朱总司令的讲话简短有力，不时被掌声淹没。

演出开始，我们宣传队第一个上场，表演歌舞《八月桂花遍地开》。我是跳舞组组长，二十多名组员都是男的，女演员都是男扮女装。我们边跳边唱：“八月桂花遍地开，鲜红的旗帜树呀树起来，亲爱的工友们哪，亲爱的农友们哪，唱一首国际歌，庆祝苏维埃……”中央红军宣传队也表演了精彩的节目。联欢会洋溢着会师后的喜悦气氛，台上台下十分热闹，总司令和其他领导也走到官兵中来，和大家一起唱歌跳舞，欢快的歌舞一直持续到半夜。

（本文选自《解放军报》）

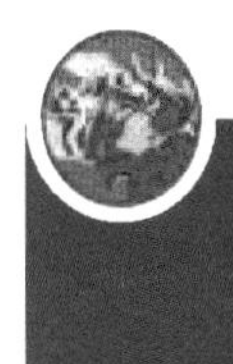

教导员躺在我的怀里牺牲

口述/董 超 整理/郭 宁

开辟新区发动组织群众

1921年，我出生于江苏省邳县（今邳州市）土山镇，小时候念过私塾，高小毕业时，日军侵入中国国土，不少青年学生走上了抗日之路，有的跟随国民党，有的忠诚于共产党。1938年，为了抗日，当地已经有中共地下组织，经地下组织的介绍，我加入中国共产主义青年团，走上革命的道路。我原来叫董光庆，入伍时改名为董超，主要为了简单易记。从此，这个名字跟随了我一生。

1939年，我十八岁，当上了连队指导员。那一年，依据上级党组织的指示，以泗宿县归仁镇为中心开展减租减息、合理负担运动，建立苏皖边区抗日根据地。减租是“对半减二五,四六三七开”，就是把地主的土地租额减去二五加给佃农，或者把原来四六分成改为三七分成；合理负担，简单说就是贫雇农、下中农不用交公粮。粮食是群众的命，粮食政策牵着农民的心。

庄稼人说，人不负地皮，地不负肚皮。人民群众得到了前所未有的实惠，他们当然自觉地拥护党的抗日政策。在很短的时间内，各种群众团体、农救会、妇救会、儿童团、姊妹团都组织起来了，乡亲们敲锣打鼓地送自己的子女参军打日军。那个时候，每个群众都知道共产党是真心为人民的，每一个共产党员也都知道，成为共产党员一生都得为人民。八路军、新四军还有一条不成文的“军规”，那就是除了打仗、建立抗日政权外，还得管群众的疾苦。不管部队驻扎在哪个村，村里饿死了人，部队领导就得担责任。

由于人民的信任、支持，很快包括归仁镇在内，周边泗洪县、泗县、宿迁的刘圩区、潘山区、金锁镇区、闸塘等十多个区都先后建立了抗日政权。到1941年，泗宿县当时建立了皖东北第一个县级抗日民主政权。

抗日、解放战争中活捉四个敌人

我参加过宿北战役、莱芜战役、淮海战役、渡江战役等，战场上的故事数不胜数。1945 年日军投降前夕，在攻克南京与徐州中段的符离集日军据点时，我亲自活捉了两名日军，并缴获日本造三八式步枪两支。

当时，日军在津浦路符离集车站建设了三个据点，可以相互支援。日军数十人驻守在符离集车站中心，车站西北角据点有伪军一个团部加两个营的兵力，车站东边符离集有伪军一个大队两百多人。团指挥命令一营、三营攻击车站西北角据点，令我所在的二营攻击符离集本镇据点。

我和刘亚东副营长带四连迅速突破敌人约有五米宽的路障。这时据点的日本兵已经发觉了，并且放了许多照明弹，如同白天一样，同时乱打枪、乱放炮、乱射击，这样正好让我们摸清了敌军的位置。经过一个小时的激烈战斗便歼灭、俘虏一百多人，缴获机枪三挺。

在占领敌大队部时，我正和日军据点通电话，突然有人跑到我跟前叫“报告”，意识到是敌人的声音，心里顿一下，马上将驳壳枪对准这两名穿着军装的日本兵，他们放下武器，两手抱着头，乖乖地当了俘虏。当时缴获了两支日造三八式步枪，是部队紧缺的，所以我很高兴。另一次活捉敌人的战斗是 1948 年 7 月攻打离徐州约二十公里的小陈集敌据点。当时我从二纵队调到七七团任二营教导员，经过两个多月集训进入战斗，团部命令二营主攻小陈集，从西北角方向进攻，一营从东南角方向进攻。在研究战斗时，我建议由李长胜副营长全权指挥，由他带突击连九连指挥攻击。经过六个多小时急行军于拂晓前进入战斗，我从战士肩膀上爬上敌围墙，在占领大院时，突然看到了两个黑影慌张地从外面进入大院，我立即抱住了一个敌人并抓住敌人的驳壳枪大声一叫，吓得这两个敌人跪下求饶，边求饶边说：“我还有子弹给你。”此时，九连的指导员赶上来制止，怕我会被敌人欺骗，遇到危险。

百姓慰问水饺全营三天吃不完

1944 年农历正月初五，我所在的营攻克了宿迁埠子镇陈祠堂伪军据点，俘虏四十多人。正月初六回到鲍集一线驻地，上午人山人海，敲锣打鼓。特别令我难忘的，是老大娘、大嫂和十八九岁的姑娘们，顶着一筐一筐的水饺，热情慰问，那些水饺全营吃三天都吃不完。

1946 年 11 月，我军在撤退淮北前一两次战斗中，一个排长受了重伤，无法走动，泗宿潘山区的一个村庄，一位农民表示愿意收养。经过三个月，排长的伤养好回来了。当时，这是国民党军占领地区，老乡冒险把排长当亲人藏起来，暗暗收养，这个故事感动了每一个战士。当时连队经常唱的一首歌反映了军民关系，歌词是“哎哟哎，我们军民要合作，你在前头打，我在后头帮。抬伤兵，送子弹，我们有的是血和汗……”

雁平教导员躺在我怀里牺牲

战争的残酷夺去了许多战友的年轻生命，仅仅在 1939 年到 1944 年间，我身边的亲密战友就有超过百人牺牲，热血青年成为无名的英雄。

1943 年的五月初五，是我这一生最难忘的一个端午节。当时，我在泗宿县三大队任指导员，每年 5 月是麦收时节，也是日军抢粮的时候。那天，我听到赤

山有枪响，便知道日军又出动来抢粮了，于是带上一个排欲占领赤山制高点，但到了山脚下时，发现山顶已经被敌人所占据，而在他们的右前方，又有一批端着刺刀的敌军朝他们走来。敌众我寡，我带着战士们赶紧隐蔽起来观察敌人，以便寻找战机。到了距离敌军二十米的地方，一声命令“开火”，机枪、手榴弹全部向敌人飞去。这时山顶上的敌人看到了，我们就又沿着山沟弯腰撤离。但是，在山沟和撤离目的地树林之间有一块平地，就在这块平地上，有九名战士负伤。三大队政治教导员雁平同志被敌人击中，肠子被打穿，浑身上下血肉模糊，干部、战士个个杀红了眼，喊着：“我们拼了命也要从日本鬼子那边将雁平教导员抢回来。”

在潘山区龙河岸边，奄奄一息的雁平教导员躺在我的怀里，只说了一句话“不能让鬼子抢粮”，便永远闭上了双眼。悲愤的战士们和我找了块干净地，简单地掩埋了雁平教导员，大家望着龙河水，发誓要灭了日军，一粒粮食也不能让他们抢走。

1946 年 7 月，泗洪县朱湖庄塘乡，国民党军向我军大举进攻，当时我任九纵队八十一团二营教导员，团指示二营在庄塘乡河岸上阻击敌人。上午 9 时，战斗打响，敌人一再发起冲击，都被二营击退。战斗异常激烈，战士情绪高涨，

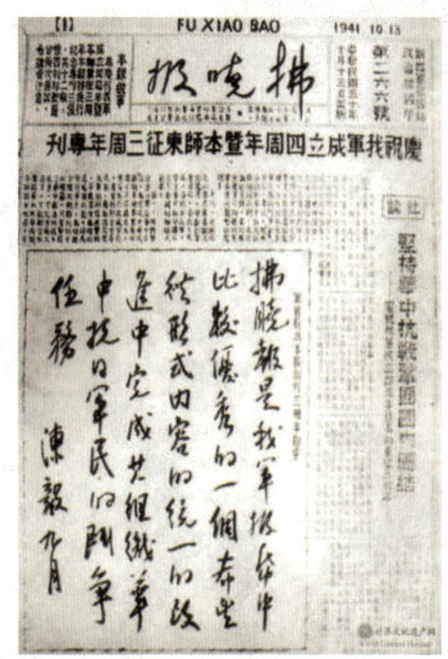

FU XIAO BAO 1941 10.15

拂曉報

第二六六號

慶祝我軍成立四周年暨本師東征三周年專刊

社論

拂晓报是我军报纸中比较优秀的一个，希望继续形式内容的统一的改进中完成其组织华中抗日军民的斗争任务

陈毅 九月

《拂晓报》是新四军第四师和豫皖苏、淮北苏皖边区抗日民主根据地党委的机关报，最初由彭雪枫在竹沟镇创办，并以其巨大的影响而名扬中外

日本三八式步枪

我骑兵部队在开辟淮北抗日根据地的行军途中

到下午5时，阻击敌人八个小时后，坚决完成了阻击任务，但双方伤亡惨重。二营五连连长王金双、副连长曹光林、重机枪排排长徐光明等九人牺牲，他们被埋葬在庄塘战斗的阵地上。

那些逝去的亲密战友还有1939年新任潘山区大新乡乡长的陈光明同志、梅花乡新任的年轻乡长，他们当年都只有二十三岁，但年轻的生命或被日伪军杀害，或被当地地主与土匪勾结杀害。20世纪80年代，因为对逝去战友的思念与日俱增，我都利用空闲时间重返当年的革命故地。当地群众听说当年的董指导员来了，也自发赶来看望，并告慰烈士英灵。中华人民共和国成立以来，我最想念的是他们。

（本文选自大江网）

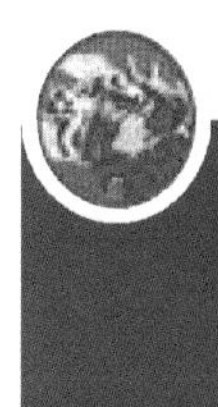

血染银圆献给党

文 / 常伶梅

几十年过去了，我始终忘不了这一幕：窑洞外风雨交加、枪炮声不断；窑洞内空气凝重，油灯暗淡。一个熟悉的声音轻轻地在耳边响起："伶梅，请把银圆交给党！"这就是一名共产党员，长征老红军、原三五九旅七一八团副团长甘俊发同志临终前对我的嘱咐。

1947 年 8 月，西北野战军为调动胡宗南主力北上，配合中原战场作战，发起了榆林战役，我当时是西野二纵三五九旅后方医院护理员。

榆林为塞外古城，坐落于古长城脚下，西北接浩瀚沙漠，东南临黄土高坡，沟壑纵横，是国民党晋陕绥边区总部所在地，总司令是邓宝珊，驻扎军队约一万五千人。

攻榆林战役在 8 月 6 日晚上打响，先拔除外围据点，按分工，二纵攻打三岔湾，敌一触即溃，我军乘胜追击，在通往榆林的公路上俘获了国民党八十二团的一个营、一批辎重、团长一名、营长两名，顺利地突破了敌人的第一道防线，直逼榆林城下。

8 月 7 日晚，我军开始攻城，一纵攻城南的凌霄殿，二纵攻城北，三五九旅以七一八团为主攻团，甘俊发副团长在第一线亲自指挥。敌人凭借高大的城墙、坚固的工事和优势的火力拼命顽抗，机枪弹、炮弹像雨点般袭来，空中还不时有敌机投弹、扫射，战士们多次冲锋不利，被敌火力压制在前沿阵地上，我军缺少重武器，攻城受阻，部队伤亡严重。有的连打得只剩下十几个人。指挥战斗的甘俊发副团长目睹战友们的牺牲，心情格外沉重。

此时，我在旅后方医院的一眼窑洞里救治伤员，不断有伤员被抬进抬出，手术彻夜不停，医务人员没有时间休息，工作异常紧张劳累，空气中弥漫着血腥味，我们几乎忘记了白天黑夜。战斗打到了第三天，我见到了躺在担架上抬进来的甘俊发副团长，他胸、腹部受重伤，浑身缠着绷带，简直是血人一般，因失血过多，脸色苍白，已昏睡过去。我见此状，心如刀绞。他与我爱人龙辉（七一八团卫生队长）是一个团的战友，同为江西永新人，先后在湘赣苏区参加工农红军，他十五岁时加入中国共产党，

彭德怀（左一）在开赴榆林战役途中

1947 年 8 月起，西北野战军为配合中原作战，先后发起攻打榆林等战役。图为第一次攻打榆林战役中，炮弹命中榆林城楼

1947 年 10 月 27 日至 11 月 29 日，西北野战军发起第二次攻打榆林战役。图为步兵在炮兵掩护下攻城

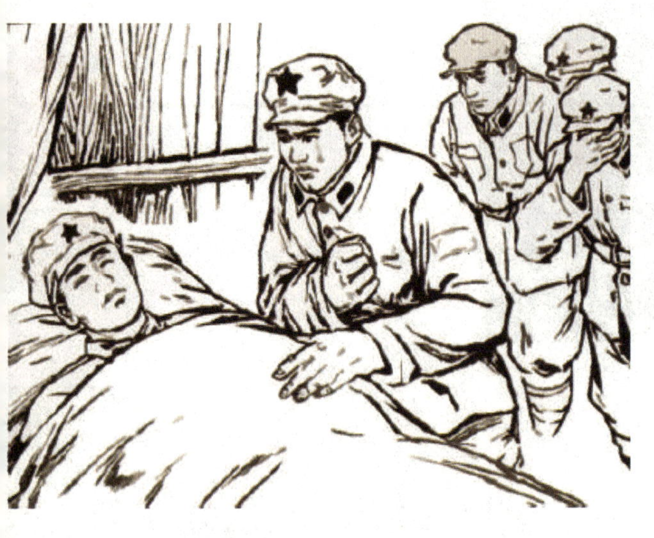

与龙辉一起参加了西征、长征和艰苦卓绝的“第二次长征”南下北返，经历了大小战斗上百次。他是个孤儿，还没有结婚呢！他比龙辉小五岁，称龙辉为大哥，我们一直待他亲如兄弟。

我听着送他进来的战友讲述甘副团长的负伤经过后，心里隐隐作痛。当时战斗十分激烈，敌机前来轰炸，他不幸被弹片击中腹部，鲜血瞬间涌出，肠子外露，警卫员等身边战友赶来，准备救治他。他一手捂住腹部，一手挥动阻止，“不要管我，注意隐蔽”！话音刚落，被城上冷枪击中胸部，再次负伤。

窑洞内，油灯下，医护人员为甘副团长清创、缝合、取子弹，忙碌了几个小时，尽了最大的努力，终于止住了血，稳定了他的伤情。

8 月 12 日，因敌援兵钟松的整编第三十六师已抵达榆林城，当晚，部队奉命撤出战斗。这次打榆林，我军共俘敌三千两百多人，毙敌两千人，收复和解放了横山、响水堡、鱼和堡、归德堡、高家堡等城镇，实现了调敌胡宗南部北上，配合晋冀鲁豫部队南下的目的。

后方医院随队南下，向沙家店转移。甘俊发同志因伤重、医疗条件差，加之天热。伤口化脓，病情急速恶化，他已几天不吃不喝，经常昏迷。8 月 18 日晚，医院到达沙家店附近，此时沙家店战斗打响了，隆隆的枪炮声，把他从昏睡中惊醒，他似乎回光返照，略有精神，他一手拉着我的手，一手缓缓地拿出一枚带血的银圆，轻轻地说：“伶梅，我恐怕不行了，这是我仅有的财富，把它交给党吧！”说完此话，他深深地出了一口气。我知道这枚银圆的来历，那是在 1936 年 10 月下旬，三大主力红军会师西北。在将台堡，为纪念长征胜利，红二方面军给每一位红军指战员发了两枚银圆，龙辉也有，只不过我们结婚时花掉了。十多年过去了，甘俊发同志仍珍藏着其中的一枚。我忙说：“甘团长，你会好的。你的心愿，我一定替你完成！”

次日凌晨，甘俊发同志牺牲了，年仅二十七岁。在场的医务人员无不为他惋惜，无不为他对党对革命的赤胆忠心潸然泪下。

当天上午，我把这枚带血的银圆，庄重地交给了医院的老红军、党支部书记王逐北院长，完成了一名共产党员的最后心愿。

父亲王耀南在井冈山造盐

文/王太眉

王耀南

传奇英雄王耀南

王耀南（1911—1984年），江西省萍乡市上栗县上栗镇胜利村人。十二岁参加安源儿童团，十六岁加入中国共产主义青年团。1927年9月，他作为安源煤矿工人参加了毛泽东领导的秋收起义，1930年加入中国共产党。他是人民军队最早的工兵指挥员，在土地革命战争、抗日战争、解放战争中都作出重要贡献。1955年，他被授予少将军衔和二级八一勋章、一级独立自由勋章、一级解放勋章。

父亲王耀南是1927年参加秋收起义后，跟着毛泽东上井冈山的。1928年6月的一天，王良连长命令父亲王耀南的一班和三班跟他到吉安附近，去取回当地党组织为红军筹集的一千多斤食盐。王连长雇了五个挑夫，命令由一班和挑夫一起挑盐，三班担任掩护。

当他们走到茅坪附近，突然遇到乡丁的截击，王良就指挥三班和乡丁打了起来，没打多久，敌人从拿山方向来了一个班，并向三班的背后抄了过去。父亲一看情况不好，就命令一班扔掉盐，顶过去。很快敌人的大部队上来了，挑夫逃走了，父亲只好带一班向后撤。

他们回到根据地以后，向军值班首长三十二团的团长袁文才报告了情况。袁文才一听他们丢了盐，还死伤了弟兄，就喝道："把王连长绑了。"父亲一看绑了连长，马上说："报告团长，盐是我丢的，要罚就罚我。"袁文才又喝道："绑了。"于是父亲和王良一起被拖到朱德军长那里。

朱德了解完情况后，说道："王连长，这次你奉命去取盐，丢了盐，还死伤了人，你有什么说的？"他接着说，"其一，你没有把主要任务放在第一位；其二，你没有强调命令的重要性，你命令一班长挑盐，但你没有检查一班长执行命令的情况；其三，你发现一班长丢了盐，你没有考虑补救措施。三令五申，为将之道，你犯了大忌，处罚你，你有什么说的？"王良说："没有。"朱德说："打王连长三十大板。"警卫冲上来把王良摁倒在地，用竹板打了起来。打完王良，朱德问："一班长，你为什么不执行命令？"父亲答道："我看到三班受到敌人的威胁，就去支援。"朱德问："你去三班，有没有命令？"父亲回答："没有。"朱德说："没有命令，为什么擅自行动？""不执行命令该当何罪？"王佐等喝道："当斩！"朱德喝道："把王耀南就地正法。"警卫冲上来，把父亲往外拖。王良不顾刚挨打的伤痛，给父亲求情。这时，三班长刘荣辉和朱德的警卫员萧新槐也给父亲求情。刘荣辉说："一班长是为了掩护我们才丢的盐。"袁文才说："军长，王耀南跟随毛委员很久了，杀王耀南是不是给毛委员说明一下情况？"朱德说："请毛委员。"萧新槐马上跑步去请毛泽东。

就在这时，父亲忽然想到他在老家做黑火药提纯毛硝时，会有食盐析出，食盐是毛硝里面的杂质。土盐苦涩是因为有硝和其他杂质。把土盐里面的硝和杂质提出来，不就成了食盐了吗？他赶紧把这个想法告诉朱德。朱德听后说："那你马上搞。"朱德立即命令给父亲松绑。这时，萧新槐把毛泽东请来了。父亲向毛泽东报告了提纯食盐，需要菜油和牛皮。毛泽东当即就批给他半斤菜油和一些牛皮，让他先做实验。朱德说，让他戴罪立功。这样，父亲和刘荣辉立即扶着王良回到连队，萧新槐也跟着来了这里。

党代表马上派通信员把司务长杨梅生喊来，司务长带来了连队的土盐。父亲一看，土盐太少。于是司务长又把二连和三连的土盐也取来，这两个连的连长和党代表也跟着来到一连。大家在父亲的指挥下，七手八脚地支起了大锅，架上火，倒入从山坳里挑来的雨水，把土盐化开。另外用小锅把牛皮熬成胶。父亲用木棍在大锅里不停地搅拌，适时加入菜油并用勺子撇去浮沫，兑入牛皮胶。慢慢地，食盐在锅底析出来了。待食盐析出得差不多时，父亲马上喊：“停火！”大家不顾烫手，把锅底烧着的柴拽出来熄灭，然后把锅里食盐上的硝水倒入水桶里再加入清水，加水后用棍子使劲搅拌。搅拌后，再把水倒进硝水桶里。这样几次后，再点火烘干盐。待锅里的盐烘干以后，父亲再次喊：“停火！”几位干部再次撤火。盐终于出锅了，大家纷纷上前用手蘸食盐品尝。萧新槐连忙用缸子舀了一些盐，跑回军部去报告。

朱德闻讯后，派萧新槐把父亲带到军部。朱德看到白花花的盐并且亲自尝了以后，高兴地问：“王耀南，你还有什么本事？”父亲告诉朱德，用盐碱土、墙角和茅厕边上的老土也可以提炼做黑火药的硝和食盐。朱德马上布置了搜集含碱土的任务，毛泽东当即就批给父亲他们足量的菜油和牛皮。

晚上，父亲到连部去看连长，感谢他为自己求情，请他原谅自己连累他挨打，王良说：“兄弟，军令大于天呀，违抗不得。今天是你命大，你要是没有这个本事，谁也救不了你。”父亲要给王良磕头，王良不顾疼痛，连忙把父亲拉起来，说：“以后你当了官，也要多替部下着想。”

第二天，朱德命令一连去砍柴。几天的工夫，父亲带领一班的战士造出食盐，解决了根据地部分部队和当地老百姓吃盐的难题。

抗日战争时期的王耀南

1955 年，王耀南被授予少将军衔

王耀南重返三湾

王耀南（右）与井冈山时期的战友、红军大学上干队同学康克清，回忆五次反“围剿”的经验教训

我的母亲沈安娜

文／华克放

沈安娜，1915 年出生于江苏泰兴（今泰州），1939 年加入中国共产党。1935 年，她打入国民党浙江省政府任速记员，为共产党搜集情报。1938 年至 1949 年，在周恩来的指派下，她打入国民党中央党部作速记员，以国民党特别党员身份作掩护，在蒋介石主持的党、政、军、特高层会议上为共产党搜集大量重要情报。1946 年，她在重庆获周恩来嘉奖，1949 年获中共中央通令嘉奖。中华人民共和国成立后，她曾任国家安全部咨询委员。

沈安娜

母亲沈安娜离世一年了。前些日子，在整理遗物时，偶然发现了一个小小的、纸已泛黄的“保健证”。

发证时间：1951 年 2 月 3 日

保健证内容：兹有沈安娜同志在革命斗争中积极工作，致使身体病弱，依照华东局颁布抚保规定，应给予一等保健，特发此证为据。

身体情况及医生检查结果：严重胃溃疡、神经衰弱、贫血。

母亲“保健证”上写的病症，不正是特工们的“职业病”吗？想想她潜伏敌营十四年，危险时时在身边，精神常年受刺激，心血一点点消耗，两副担子在身，两张脸孔示人。怎能不神经衰弱？怎能不胃溃疡？除了特工的“职业病”，当年母亲还得了老百姓的常见病：肺痨，疟疾。日复一日，年复一年，苦熬苦等。妈妈心里“希望与忍耐同在”。终于解放了，从地下走到地上，党组织给予“一等保健”的关爱，虽然只是五斤肉的一点补贴，母亲当时肯定感到极大的欣慰。

1934 年 11 月，母亲刚过了十九岁生日，奉“中央特科”王学文之命，在白色恐怖下，从上海到杭州，以自己的速记之长，打入国民党浙江省政府。中央特科王学文派母亲的同校学友华明之，担任交通员。成为隐蔽战线战友后，她与华明之结为终身伴侣。在父亲的指导、协助、掩护下，母亲为党搜集浙江周边的“剿匪”军事情报。这一时期的工作，为父母后来的情报生涯打下了基础。

抗日战争全面爆发后，父母随逃难的人流，辗转跋涉。1938 年 5 月，来到武汉，找到了党。奉周恩来、董必武指示，母亲打入国民党中央党部任机要速记员。之后，在抗日战争中的重庆，在解放战争中的南京，她和爸爸一起，一边干国民党的差事，为共产党提供情报，还一边拖儿带女艰难度日。

当年，日军轰炸重庆，制造了震惊世界的惨案。爸爸、妈妈回忆说，我们两个孩子可以说是在防空洞里出生的。三个红灯笼高挂在坡上，防空警报响起，爸爸妈妈抱着孩子挎着包袱，随着人流，连滚带爬“逃警报”。在黑暗、潮湿、拥挤的百姓防空洞里，妈妈、爸爸一人抱一个，有时一闷就是大半天。天黑了，警报一解除，妈妈常常会被叫去做会议速记，官僚们在高级防空洞里，已用过膳了，妈妈却是饿了大半天。等会议结束，已到半夜。妈妈高一脚低一脚，踩着炸得稀烂的瓦砾，摸黑回到家，爸爸留了一碗热泡饭等她。当遇到有价值的情报时，她会连泡饭也顾不上吃，就立即开始“流水作业”：妈妈把会议讲话记下的速记符号，马上“译”成汉字。妈妈曾告诉我，如果不马上“译”，就有可能忘，再译出来就不完全是原话了。重要情报，要的就是原话。然后，爸爸紧接着整编情报，密写，密藏，直到后半夜。家中没有隔夜粮，饥饿、失眠……天亮了去上班，还得趴在桌上，不是抄就是写，没完没了。

那时，我们一家四口住在十平方米的房子里，隔壁是宪兵队。记得小时候，隔着马路传来的警车声、狗吠声，吓得我要命。特别是鞭打犯人声和犯人惨叫声，半夜里隔墙传来，不仅刺激着大人的神经，更把我们孩子吓得直哭，爸爸妈妈只好一人捂着一个孩子的小耳朵。

中共中央南方局派来的领导人徐仲航大伯，1942 年秋被捕，爸爸妈妈与党组织就不能正常联系了。他们仍把情报藏在竹竿里，盼望着、等待着党组织来取。可是，党组织为了保护他们，必须静观事态变化。这样一来，三年都没能联系到组织。当然，情报藏在家里，时间长了，不安全，只得销毁。辛辛苦苦弄好的情报，眼看慢慢烧成了灰。此时，突然隔壁又传来拷打犯人的声音，想想徐仲航不知在哪个监狱受刑？是他坚不吐实，才保护了我们一家四口……母亲说，这样的夜晚，必定又是通宵不眠。

不久，机关里通知，让我们搬个大一点的住处。能搬家，远离隔壁这个“虎狼窝”，真是太好了！可是，妈妈和爸爸思来想去：不能搬，因为家就是联

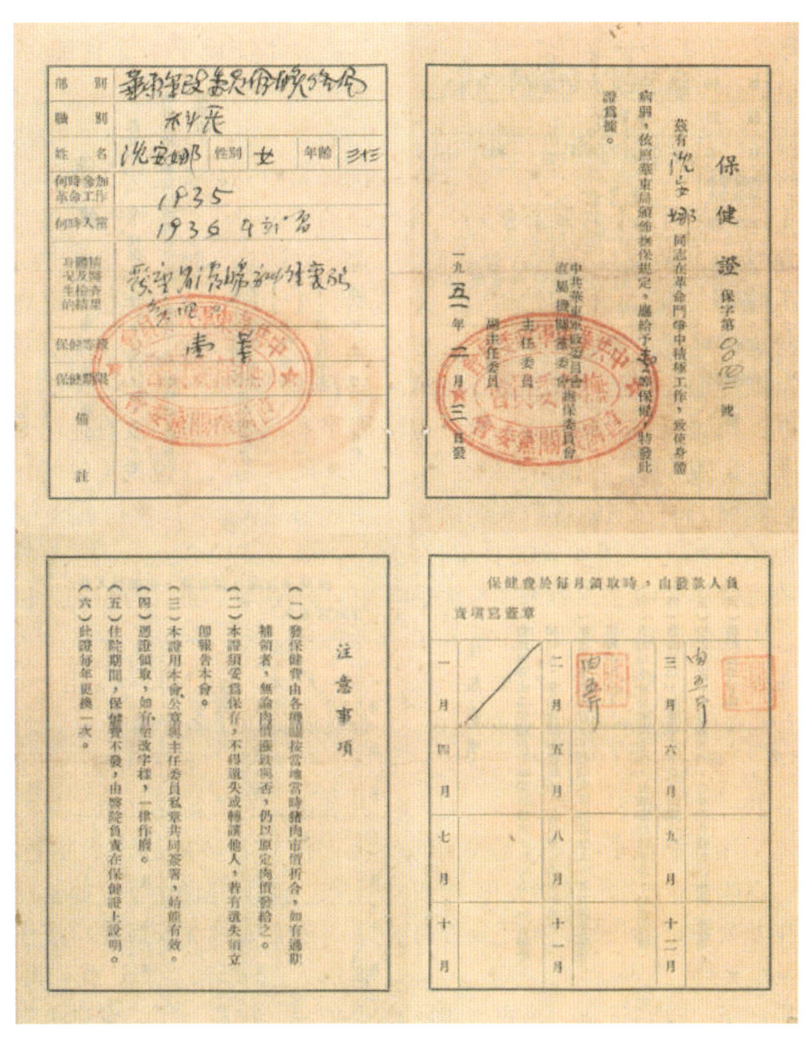

部別	華東軍政委員會[illegible]				
職別	[illegible]				
姓名	沈安娜	性別	女	年齡	[illegible]
何時參加革命工作	1835				
何時入黨	1936 [illegible]				
身體情況及醫生檢查的結果	[illegible]				
保健等級	[illegible]				
保健期限					
備註					

保健證 保字第[illegible]號

茲有沈安娜同志在革命鬥爭中積極工作，致使身體病弱，依照華東局頒佈撫保規定，應給予[illegible]等保健，特發此證為據。

中共華東軍政委員會直屬機關黨委會撫保委員會

主任委員

副主任委員

一九五一年二月三日發

注意事項

（一）發保健費由各機關按當地當時豬肉市價折合，如有過期補領者，無論肉價漲跌與否，仍以原定肉價發給之。

（二）本證須妥為保存，不得遺失或轉讓他人，若有遺失須立即報告本會。

（三）本證用本會公章與主任委員私章共同簽署，始能有效。

（四）憑證領取，如有塗改字樣，一律作廢。

（五）住院期間，保健費不發，由醫院負責在保健證上說明。

（六）此證每年更換一次。

保健費於每月領取時，由發款人負責填寫蓋章

一月		二月	[illegible]	三月	[illegible]
四月		五月		六月	
七月		八月		九月	
十月		十一月		十二月	

沈安娜的保健证

络点，搬了家，党组织找不到我们怎么办？于是，继续与宪兵队为邻，只有十平方米的家，住了八年。1945年10月，党组织派老领导吴克坚找到他们，看到破破烂烂的老房子说：“你们真不容易啊！坚守了三年！”他要向党组织汇报，给父母申请些生活补助，可是他们不要，他们说：“我们又可以为党提供情报了，这是最高兴的事！”

那年月，贫困总是伴随着疾病。妈妈得了肺痨，老是反反复复。开会时，不敢大声咳嗽，因为官僚们怕传染，一旦得知身边的速记员有肺痨，轻则让你休息，重则辞退。不能上班，弄不到情报怎么办？妈妈只好躲到厕所，直咳得吐出血来，气息平了，再悄悄回到会场，继续速记。徐大伯在时，他曾买药给妈妈吃，也给我嘴里塞甜丝丝的甘草片，妈妈和我就都不咳嗽了。后来，徐大伯被捕了，妈妈的肺痨又复发了，我和弟弟也同时得了百日咳，咳了一百天，咳得喘不上气，咳得血都吐出来。妈妈说：“没有老徐，没有药呀！”于是，爸爸买了很便宜的一大挂猪肺，煮了汤，大人舍不得吃，让我们孩子吃，这是我们的救命汤。妈妈整天咳嗽、胃痛，瘦得皮包骨，在办公室、会议室，她还要强打精神，强作笑脸。

前些日子，收到爸爸、妈妈当年的好友哈叔叔寄来的他保存了近七十年的爸爸写给他的一封信，信中爸爸写道：“薪水已借到三个月之后，大量的支出实在无法应付。安娜月前又发胃病、便血，半夜之后不能醒，一醒就得到天亮。想治疗吧，又是一个‘钱’字在心头打了结……”

能不能调换一个比速记员薪水高的工作？他们从来没有想过。很奇怪，1948年，来了这样一个机会。妈妈在国民党中央党部已干了十年，是不可或缺的速记骨干。几个国民党元老，在改选“立法院”时，突然提出：“我们亲眼见到沈小姐这么多年恪尽职守，绩能俱佳。”要推荐她竞选“立法委员”。可是，妈妈和爸爸思来想去：当选“立法委员”是名利双收，可是没有速记员得到的情报多呀。两人在说说笑笑间，就这么定了。第二天，妈妈婉拒了这个提议。

就这样，父亲、母亲甘于清贫，在“小速记”的情报岗位上，坚持了十四年。

后来，有人问：沈老，这么多年，你为党提供了多少情报？

母亲说：“我不知道。为了中华人民共和国，在看得见和看不见的两个战场上，拼搏着多少战士?!牺牲了多少战士?!我们只是两个幸存的老战士呵！”

还有人称沈安娜是“按住蒋介石脉搏的人”。母亲当即让我告诉他们：“不要把我‘拔高’了。党中央、中央情报部才能按住蒋介石的脉搏。”

（本文作于2011年5月20日）

革命医疗事业英雄贺诚小传

文/王　忱

贺　诚

贺诚（1901—1992年），名宗霖，字润之，又名李平。四川省三台县（今射洪县）人。1925年加入中国共产党。1926年国立北京大学医学院毕业后，被派往广东国民革命军中做医务工作，参加了北伐战争。1927年参加广州起义，任起义总指挥部军医处处长。土地革命战争时期，任工农革命军第四师军医处处长兼海陆丰后方医院院长，中共汀连中心县委宣传部部长，军委总军医处处长，红军总医院院长兼政治委员，军委抚恤委员会主任，军委总卫生部部长兼政治委员兼红军卫生学校校长和政治委员，中华苏维埃中央政府卫生局局长，中央纵队第三梯队队长兼政治委员。参加了长征。1937年赴苏联，先后入民族殖民地问题研究学院和莫斯科中央医师进修学院学习。1945年回国。解放战争时期，任东北民主联军后勤部副部长兼卫生部部长和政治委员，东北军区后勤部副部长兼卫生部部长和政治委员，东北人民政府卫生部部长。中华人民共和国成立后，任中国人民解放军总后勤部副部长兼卫生部部长、卫生部副部长、军事医学科学院院长，总后勤部副部长。1958年被授予中将军衔。

北医高才生，投入大革命

贺诚，原名贺宗霖，字润之，1901年生于四川三台县，他家早年略有田产，又是中医骨科世家，在当地很出名。贺诚之父贺隆旦因本乡地主贺金山霸占祠堂，横行乡里，与贺金山一直有斗争，贺金山便以贺隆旦服丧期间续弦，不守礼法，让族长派人将贺隆旦抓到祠堂痛打了一顿。贺隆旦实在咽不下这口恶气，他希望儿子贺诚好好读书，走上仕途，将来衣锦还乡，为他报此仇。

后来，贺隆旦自己拉起袍哥继续和贺金山斗，直到死也没斗倒仇人。复仇的希望落空了，贺隆旦临死前说："把我埋在贺胜沟垭口上，我要望着宗霖娃儿回来！"贺隆旦的报仇，是一种袍哥式的报仇，而要真正解决天下不平之事，就必须为所有受压迫的劳动人民争取翻身做主的权利，贺诚就走的正是这条道路。

1922年，贺诚考入北京医科大学（北京大学医学部前身）。医大教书既无课本又不发讲义，教师满口术语学生不知所云。于是贺诚和同学王长熙等发动全班同学建议校方印发讲义，废除笔记。医大首任校长汤尔和认为贺诚等学生"不尊师长、不守校规"，威胁说有"乱党"背后指使，必加严惩。贺诚领导学生们针锋相对，开展全校罢课。这次罢课，北平许多学生趁势响应，当局这才慌了，怕事态扩大，只好同意汤尔和引咎辞职。

反曹锟贿选运动、欢迎孙中山北上运动、五卅运动、三一八运动……每次与革命相关的运动，贺诚都参加了。于1925年，他加入了中国共产党。校方认为贺诚思想"过激"，总是找他的麻烦，在校期间贺诚有几次都差点儿被清除出校。1926年夏，贺诚快毕业时，校方将他列入被开除学籍名单，连文凭也不发，理由是他欠了二十八元学费。

贺诚将自己的处境报告了党组织。党组织随即给他指明了道路：现在北伐军正需要医生，带上党的介绍信去，文凭就不管它了。

就在贺诚投身革命后，正赶上蒋介石发动四一二反革命政变，而此时贺诚因转战各地与党组织失去了联系，他脱离了蒋介石的反动军队，留在武汉。经吴玉章介绍当了一名普通医生；"宁汉合流"后，他马上又加入了共产党员人数众多的第二方面军，伺机参加武装起义。

1927年12月11日凌晨，广州起义爆发了，贺诚此时已调任驻广州的工农革命军第四军军医处处长。起义开始前，他就暗中联络了一部分军官宣传发动起义工作。起义开始的时候，原军医处长等三名反动军官企图阻挠起义，贺诚就和几名军医以及女看护兵一起，将这三个人果断处决了。

在总指挥部，贺诚见到了起义领导

人张太雷、聂荣臻。来不及细说详情，张、聂即命令贺诚组织工人赤卫队，马上接管所有医院，抢救起义伤员。

起义部队撤退后，在花县成立了红四师，贺诚任该师军医处处长兼海陆丰工农民主政府卫生处处长。贺诚在海陆丰重新恢复党籍，党代表袁裕百感交集地握住贺诚的手说："在白色恐怖下的一系列转折关头，你的革命坚定性和奋斗精神，师部的同志有目共睹！"

后来，海陆丰苏区的斗争失败了，贺诚由香港来到上海。在上海，贺诚化名贺雨生，和柯麟、周越华两位同志一起办起了"达生医院"，成为当时党中央举行例会和政治局同志接头的掩护机关。后来他又到武汉，以医生职业为掩护，从事党的交通员工作。

苏区岁月与长征

1931 年初，贺诚接受中央指示，从秘密交通线进入中央苏区，被任命为总军医处处长。中华苏维埃共和国成立后，贺诚又兼任了政府卫生事业管理局局长。

在自己的工作岗位上，贺诚完善了卫生工作体制，在红军师及师以上设卫生部，团设卫生队，营设卫生所，连有卫生员，还设立野战医院、兵站医院、后方医院、总医院。军委卫生部颁布了《卫生法规》，创办了苏区第一份专业报纸《健康报》等。

1932 年 11 月 20 日，第一所军医学校在瑞金宣告成立，贺诚兼任校长。当时由于国民党的频繁"围剿"和严密封锁，苏区的药品奇缺。贺诚筹建了红军第一个卫生材料厂，生产出了大量医用棉花、绷带、酒精、外科器械、西药、中药。特别是创造性地改良了中药剂型，如把粉针剂改为片剂，更为部队所欢迎。红军前、后方的药品生产、购置和供应完全统一起来，使国民党实行的药品、医疗器械封锁失败了。长征前夕，总卫生部不但给部队预发了三个月的药品，还自带了两百担药品器材，尽管当时的药品种类还不多，质量还不高，但治疗效果依然是显著的。

苏区后来还有了被苏区干部群众称之为"照病机"的 X 光机，贺诚是不多的几个会用这台机器的人。红军总政治部主任王稼祥在第四次反"围剿"时，被敌机俯射打中右下腹，就多亏了它才找到弹片。红军主力长征出发前第三天，这台 X 光机还帮助医护人员取出了陈毅腿上的一颗子弹头。

长征开始后，贺诚就小心翼翼地呵护 X 光机，专门做了一个比棺材小一点的箱子把它装起来，由两个民工抬着；附件则装在两个小箱子里，由一个民工挑着。后来民工找不到了，贺诚就命令管理它的两个年轻人去抬。夜晚行军时上，贺诚生怕摔了它，还要人打着火把照路。

遵义会议后，红军总结教训决定整编机构，进一步轻装快进。贺诚舍不得扔下 X 光机。毛泽东知道了，只好把贺诚亲自找来耐心谈话。他说："现在我们要打运动战，连山炮我们都扔到赤水河里去了。你这个大知识分子，情况必须看得清楚才行，不好好打几仗，这个长江过得去吗？"贺诚想通了，第二天派人把机器就地安置了。

1934 年 10 月，中央红军长征开始时，军委和中央机关编为中央纵队，代号"红星"；总卫生部属于中央纵队，代号"瑞金"，贺诚就任"瑞金司令"。

在这支部队中，最令贺诚放心不下

的就是女同志们。有一天，休养连走到了贵州的苗族山区，贺子珍突然要生了。于是贺诚找到老乡，希望能够借房子把孩子生下来，但按照当地风俗，老乡不让外人把孩子生在自己家，要他们到牛棚里生，贺诚等就向老乡反复做工作，答应给他家披红挂彩冲晦气，老乡这才让贺子珍把孩子生在家中。后来，董必武、贺诚等人给了老乡二十块光洋。

在苏联学习并在蒙古流浪

1936年12月上旬，征尘未洗的贺诚接受中央命令，陪同王稼祥去苏联治伤。行前，毛泽东对贺诚说："你的任务就是护送稼祥同志到莫斯科，送到之后就回来。"刘伯承、聂荣臻也嘱咐贺诚要好好照顾王稼祥。

12月4日，中央致电共产国际和中央代表团："此间军委请王稼祥同志为正式代表常驻你处并兼医伤。"并告知王稼祥已经到达西安。王稼祥、贺诚等人离开保安（今志丹县）前往西安后，几经辗转，历尽艰难险阻，方到达上海，然后从上海乘船去苏联。1937年7月初，王稼祥到达莫斯科。贺诚自始至终护送王稼祥到苏联，恪尽职守，在极其困难的条件下，圆满地完成了毛泽东交给他的任务。

到达苏联后，王稼祥、贺诚一行以及先后到达这里的蔡畅、贺子珍、李天佑、刘亚楼、杨至成、方志纯等被安排在莫斯科郊区一个叫孔策沃的地方。这里是共产国际的附属党校，是一座别墅。这里过去曾是一个贵族的庄园，十月革命成功后，被收为公有。后来共产国际在这里设立了党校，现在，则成了专门接待从中国来的同志的地方。在这里，他们每人住一间房，房内桌、椅、床具、沙发俱全，有《消息报》和《真理报》

看，有在延安看不到的电灯，还可以经常洗个热水澡，伙食也不错。

贺诚到了这样的新环境，心里想的不是享受，而是抓紧时间多学习，于是他就在民族殖民地问题研究学院和莫斯科中央医师进修学院进修。他读书认真，而且还经常随队参观斯大林汽车制造厂、列宁国家农场、军医学校等，他深深感到，苏联实现了社会主义之后，各条战线的工作都卓有成效、按部就班，自己和战友们一定要把中国的一切也建设得这样好才行。

1941 年 6 月，苏德战争爆发，中国同志们被集中起来，准备回国，共产国际执行委员会总书记季米特洛夫匆匆来见大家，讲了讲当前的战争形势，然后指派苏联的乔尔诺夫少校护送大家回国。贺诚等十几个人在林彪的带领下，从莫斯科坐火车，然后坐汽车，一路向东奔驰。1941 年 10 月，他们到达蒙古国首都乌兰巴托，准备从这里通过边界，到达内蒙古的大青山，大青山有共产党建立的交通站，也有八路军的骑兵部队活动，可以护送大家到达晋绥边区。可是当他们来到乌兰巴托后，这条交通线路已遭到破坏，他们无法通过。经与国民政府紧急联系，林彪坐飞机回国，因为他当时是国民革命军第八路军第一一五师师长，可以公开回去。其他人是秘密出国，不能暴露自己的真实身份，他们最初住在苏联大使馆安排的地方，时间一长，供应出现困难，乔尔诺夫少校也无法照管他们的生活了，便要他们去自谋生路，但不能暴露真实身份。

为了革命的利益，中国留苏同志们只得忍受磨难。杨至成去一家农场干苦力，给庄稼锄草兼做饭馆的跑堂；钟赤兵去剧院当卖票人；李天佑和李世英去帮人养兔子；周碧泉去造纸厂当临时工；刘亚楼、卢冬生由于俄语水平高，参加苏联红军当侦察参谋。贺诚因为懂医术，去一家医院当了护士。后来，这家医院的内科主任发现他技术娴熟，医疗知识丰富，又提拔他当了医师。这样一来，贺诚在同伴之中，是挣钱最多的一个。他经常拿出多余的钱周济杨至成等生活困难的同志。直到 1945 年，贺诚才得以回国。

办好中国自己的医院，以后中国人就不用再费这样大的劲到外国来治病了，这是贺诚自始至终的理想，更是和他一起经历数年流浪生活的同伴们共同的心声。

在东北大胆用新人推新政

贺诚回国后，先后担任东北民主联军后勤部副部长兼卫生部部长、政委，东北军区后勤部副部长兼卫生部部长、政委，东北人民政府卫生部部长。

贺诚从苏联回来后，一直希望把苏联最新的医疗理论、经验都运用起来，有些同志抱着老办法或者是在教会医院学成的一些老教条不放，不愿意接受这些新方法，贺诚就劝他们换个思路思考问题。

1947 年初，陈述等同志翻译的，由苏联战地医学专家彼得洛夫、库普里扬诺夫等教授所著的《战伤疗法》正式出版了，贺诚在大力关心和支持这本书翻译的同时，欣然作序道："在第二次世界大战中，处理战伤最有经验的医生莫过于苏联的了。因为经过他们处理的伤员，不是数万或数十万而是数百万。我们认为自己的经验，固然是很宝贵的，然而还须得新的经验去充实医务卫生经验，

1946 年，东北民主联军卫生部领导合影，左四为贺诚

1939 年，部分中国同志在莫斯科郊区共产国际党校（七部）合影，前排左起：蹇先任、王美兰、孙维世、马明方；后排左起：方志纯、林利、贺子珍、贺诚

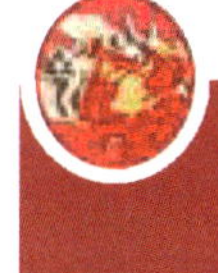

1949年6月19日，中华全国第一次自然科学工作者代表大会筹委会代表合影。第一排左起：曾昭抡、茅以升、刘鼎、梁希、侯德榜、李宗恩；第二排左起：姚克方、贺诚、沈其益、丁瓒、乐天宇；第三排左起：涂长望、恽子强、严济慈、靳树梁、蔡邦华

以提高它的质量，以便由此获得治疗上的卓效。”

因为贺诚的支持，一系列苏联医学书籍得以翻译出版，这些书籍被发送到各个野战军，在更多、更好地治疗伤员方面发挥了极其重要的作用。

东北是人民解放战争的大战场，贺诚不仅要做好保障，让前方打好仗，更要保障后方有源源不断的药品、设备、人才补充前方。由于东北战场初期的战局对东北民主联军不利，加之卫生工作辛苦，许多人就想撂挑子不干了，对此贺诚要求卫生部门的干部只准进，不准出，禁止改行。许多人对此不理解且有埋怨情绪，但在贺诚看来，战争年代，就要有铁的纪律来约束。

贺诚在工作中不拘一格使用人才，有些卫生工作者的历史比较复杂，或是在伪满洲国担任过职务，但是贺诚不过分看重这些，只要是真心愿意为人民军队做事的人，他都用。有一次，军委总后勤部要求一个医生到干部医院去工作，总干部部长说这个医生历史有问题，不能去，贺诚就在文件中批上“我们用他的技术”，坚持把这个医生调到干部医院去工作了。

贺诚这样做当然有他的考虑，因为在红军时期，大多数卫生工作者就是从国民党军队里解放过来的，贺诚坚信革命的军队能够改造人。贺诚这种用人的态度，也使得在东北民主联军工作的日本、朝鲜医护人员安下了心。

为了培养好卫生工作者，贺诚还曾经当过考官。1948年9月，东北军区卫生教育会议上，“专科教育计划考核”由贺诚担任主考，应考的是中国医科大学的学生，他们的考试科目就是临床手术，手术的对象是四名东北野战军的战士，两名病员分别患慢性阑尾炎、结核性睾丸炎，两名伤员一个大腿受伤罹患骨髓炎，需要剔除死骨，而另一个手腕关节受伤，需要施行尺骨移除整形手术。战士们自愿成为学员们手术的对象，体现了革命同志之间的信任，而学员们也怀着对伤病员的感情，加倍认真地完成了手术。

贺诚鼓励这样的活学活用，有人批评他说，万一学员们经验少，做坏了，使伤员受痛苦怎么办？但是为了培养人才，使更多的战士得到更好的治疗，贺诚顶住了这些非议。

因为做手术就会有风险，学员们需要临床实践的机会，不然永远不能提高。而他们做手术的同时，在场的还有贺诚等一大批专家在监督指导，无论如何，在专家的指导下和学员认真负责的治疗下，这样的手术失败的概率很小。

推行爱国卫生运动并支援抗美援朝

中华人民共和国成立后，贺诚先后担任解放军总后勤部副部长兼卫生部部长，中央人民政府卫生部副部长，军事医学科学院院长，总后勤部副部长，1958 年被授予中将军衔。

中华人民共和国建筑在旧中国的烂摊子上，而这个烂摊子中属卫生医疗最烂，在旧中国，因缺医少药，缺乏健康的饮水、饭食，缺乏合理的医疗手段而死去的婴儿、产妇、青壮年都不计其数，以至于全国人的平均寿命只有三十多岁，这些怎能不让贺诚这一代卫生工作者为之心焦。

恰在此时，抗美援朝战争又开始了。1952 年，美帝国主义空军投下了细菌弹，试图用细菌战考验新中国究竟有没有能力应对，这使得贺诚在主管卫生工作的同时，还要分身去研究细菌战相关问题，揭露美帝国主义的罪恶。但是，贺诚没有被沉重的任务压倒，各项卫生工作都在有条不紊地进展着。

为了防备美细菌战的破坏，提高和改善人民的健康水平和生活环境，国家开展了爱国卫生运动。其间贺诚带领卫生部与文教宣传部门、公安部门、交通运输部门、工业部门、农业部门、水利部门以及各种群众团体如妇联等密切合作。在北京，龙须沟的臭水沟被改造成了下水道，龙潭湖、陶然亭的环境也被整治一新，许多旧河道得以疏浚。在上海，棚户区得到了改造，黄浦江的垃圾得到清理，肇家浜等臭水沟被改造成了林荫大道。在山海关和抚顺，干部群众填平水塘，挖蝇蛹、扑成虫，用人力消灭害虫，而尽量少打药甚至不打药，既保护了环境，又降低了传染病发生率。为了巩固效果，粪场和屠宰、养猪等行业被迁往城外。

在爱国卫生运动期间，贺诚还发现了许多可喜的变化，比如，为了保证餐饮卫生，许多城市将私人小摊贩组织起来，建立制度，互相监督。在湖南衡山的洋塘乡，当地干部组织群众参加生产互助组，实行合厕分肥的制度，在当地修起了几百个厕所，不再有人随地大小便了，肥料也增多了，1952 年积粪两千四百车，平均每垧地多打了两千四百斤稻子。干部群众在推行爱国卫生运动的同时，不经意间发现了组织起来、集体协作的好处，胜过了许多说教。贺诚将这些变化作为典型，写进了自己在第二届全国卫生会议的报告中，他希望这些事实能够说明社会主义的优越和集体的伟大！

三个曾在蒙古流浪过的老伙伴合影，左起：贺诚、杨至成、谭家述

贺诚关心着每一件小事，在发展的同时也不忘了兼顾公平，他认为全国大多数医生和医院集中在大城市，并不合理，大城市达到平均每五千人拥有一个医生，应该关注那些中西部落后地区医生少的问题。他要求医校的毕业生，首先要到农村、工矿和部队去锻炼，然后才可以到大城市当医生，他还要求大城市组织防疫队，定期去边远地区服务。

在对外的战场上，贺诚也在积极工作，比如他在与中央军委总后勤部部长杨立三，宋裕和、张令彬代表代总参谋长聂荣臻给中央军委主席毛泽东、副主席周恩来写的报告中，汇报了1952年春季对志愿军供应、筹备的情况："目前为志愿军储备的食粮可吃到4月上旬，副食品供应布置到4月份。被服装具，夏服一百二十三万件，冬服三十万件，胶鞋五百万双，水壶一百万个，雨衣一百三十万件等，可于1952年2月底生产出来。车辆争取当月给志愿军补充新车五百台，大修车四百台。油料1月、2月前运十万桶，药品也陆续运往前方。"

英雄杜伯华

文 / 王庆宽

杜伯华（1904—1941 年），1933 年参加革命，1935 年春加入中国共产党，历任榆树县（今榆树市）党的地下联络站负责人，晋察冀军区五支队二营教导员、房良联合县县长，平西专署专员，晋察冀军区卫生部副部长等职。他一生中的革命足迹遍及东北、华北和西北，特别是在平西，他辗转战斗，踏遍了山山水水，立下了不朽功勋。1941 年 6 月不幸牺牲，终年三十七岁。

杜伯华

杜伯华，原名维汉，字华昌。1904 年生，祖籍河北省，幼年随父逃荒到吉林省榆树县夏宝村。他的父亲，为人忠厚、正直、善良，会中医，常常免费为穷人治病。因会种牛痘，人称“杜花先生”，在群众中享有很高的威望。杜伯华聪颖好学，虽仅读过四年小学，但在父亲的影响、教诲下，学会了医术。父亲病故时，伯华年仅十八岁，不但能为乡亲看病，而且得到好评，榆树县举行医生会考，杜伯华名列第二。1931 年，他由乡下迁到榆树县城，开办华昌诊所。为了更好地给人看病，他开始学习西医，依靠自己的刻苦学习和丰富实践，医术闻名遐迩。杜伯华是一个有民族气节、有抱负的爱国青年。1931 年九一八事变后，他目睹日本侵略者和汉奸恣意横行，人民遭受蹂躏之惨状，忧国忧民之心日深。

1932 年 8 月，杜伯华遇到了姑表内弟、共产党的地下工作者李向之。李向之是从关内回东北做王德林部的抗日工作的，见到了表姐夫杜伯华，就向他介绍全国抗日斗争的形势，宣传共产党的抗日主张和政策。杜伯华受到了很大教育和鼓舞，决心参加抗日。从此，他在党的帮助教育下，踏上了革命的征程。

1933 年，北京地下党组织派李向之等八人去吉林省进行建党建军工作，以杜伯华开设的“华昌药房”为中心地点，建立了榆树县第一个党的地下联络站，杜伯华为联络站的负责人。党交给杜伯华三项任务：搜集敌伪组织的情报，掩护抗日工作人员，以物资接济抗日武装。联络站在完成这三项任务中发挥了

重要作用，共产党派来的抗日同志，如抗联第三军二十一支队队长杨文清、刘工人，抗联第十军高级参谋翟亚夫（又名翟飞）等人来找王亚忱的部队，均是通过“华昌药房”进行联络、护送的。当时抗日武装缺乏医药，特别是红伤药，他就千方百计筹集运送；抗日武装缺乏胶鞋，他也一次又一次地筹集送去；抗日武装缺乏枪支弹药，他就想方设法搞一些枪支弹药。他曾用自己的钱给翟亚夫买了一支手枪，还为抗联第十军买了两支手枪。

杜伯华通晓中西医术，加之医德好，善交游，因此，来“华昌药房”买药、求医的人很多，生意兴隆，每天收入达三百元。杜伯华将这些收入，绝大部分都捐赠给东北义勇军作为抗日活动的经费。杜伯华为壮大抗日力量，广泛宣传群众，争取群众。只要同情抗日、对抗日有利的人，他就联系，就争取。

在他接触的人中，不仅有爱国的知识分子，而且还有日伪政权中有爱国心的人。如伪警察署的刘杰，是个特务，但杜伯华发现他有爱国思想，就结识了他。通过教育，刘杰坚持抗日，反对日本侵略。当“华昌药房”联络站被县伪警察署察觉，处于危难时，刘便暗地里助他脱险。1934 年出现的几次榆树县特务机关怀疑伯华的险情，均在刘杰的帮助下排除了。

1935 年春，日伪特务机关——长春警备队，密令榆树县伪警察署：“逮捕杜伯华，查封‘华昌药房’。”刘杰得知后，立即告知了杜伯华，让他或走或散，马上抉择，不能等到天亮。杜伯华立即把联络站已被敌察觉，不能再用的情况转告了党组织。他个人也不得不弃家出走，药房让其妻和内弟收拾变卖。当夜，杜伯华带上些路费，同刘杰一起，徒步取道黑龙江省五常山河屯，历尽千难万险，绕道入关。

1935 年春，杜伯华同刘杰入关后，到了北平，与地下党取得了联系，继续为党工作。刘杰吃不了苦，后到重庆投靠了国民党。杜伯华在党的教育帮助下，进步很快，不久经李向之介绍，加入了中国共产党。

1936 年春，在西北驻守的东北军将领张学良倾向与共产党合作，请求“东北人民抗敌会”（共产党领导下的抗日组织）派送一批进步分子充实东北军。党决定派杜伯华等几十人前去，杜伯华即奔赴西安，在当时有名的东城门楼学兵队当队员。12 月 12 日，发生了震惊中外的西安事变，学兵队成为一支重要的革命武装力量。西安事变后，杜伯华到孙铭九的抗日先锋队三连任指导员。1937 年初，杜伯华同一些学兵队队员返回北平，在北平西城粉子胡同二十五号煤铺，秘密地开展地下工作。

这家表面上看是李向之、萧丹锋、陈大哥、杨大嫂等四家合伙开的煤铺，实际上是东北民众抗日救国会（简称“民抗”）的社会支部所在地，是以东北人为主体的抗日救亡活动中心。他们在这里组织抗日青年，宣传革命道理，营救难友出狱，等等。杜伯华、萧丹锋、陈大凡、于毅夫、陈钟、张文海、焦若愚等同志，还有二十多名东北青年，都在这里参加活动，当时煤铺的生意不好，这么多人在这里从事革命活动，吃饭都有了困难。为了解决生活问题，杜伯华从事教育、行医等工作，整日忙着，挣钱供大家用。每当入不敷出，遇到困难

晋察冀军区兵工厂造手榴弹

时，就变卖自己的铺盖和衣物来维持生活。有一次，杜伯华外出讲课，店里人吃饭没有着落，就把他的铺盖当了，并把当票贴在伯华的床板上。杜伯华见此情景，只是付之一笑，晚上就睡在贴着当票的光板铺上。他与同志同甘苦、共患难的精神，受到同志们的尊敬。

1937 年 7 月 7 日，侵华日军炮轰卢沟桥，国民党二十九军英勇还击，不久北平、天津沦陷，大片国土被敌占领，北平郊区人民处在水深火热之中。

正在这时，赵同联络昌平山区的民团头目组织武装，已集合二三十人。为了弄清赵同的情况，党派杜伯华、阎铁、徐明三人先去赵同部了解情况，根据杜伯华等提供的情况，党决定利用赵同部建立党所掌握的抗日游击队。8 月中旬，赵同部的二三十人转到圆明园的正觉寺。党先后派王建忠、王远因、尚英、杜伯华等十几名共产党员和党的积极分子参加了赵同的游击队。杜伯华等十几人是张学良学兵队的成员，受过军事训练，他们到了赵同的部队后，对部队建设、发展起了重要作用，短短几天，部队增加到五六十人。

8 月 22 日，赵同的游击队袭击了北京德胜门外的河北省第二模范监狱，营救在那里关押的政治犯，杜伯华也参加了营救战斗。由于部署、安排得细致、周到，取得了胜利，共营救出七八百人。其中近半数参加了部队，赵同的部队从而由五六十人猛增到五六百人。9 月 5 日，全军编为三个总队，并正式命名为“国民抗日军”，成立了军政委员会。赵同为司令，郑子风为副司令，包旭堂为参谋长，高鹏为政治部长，汪之力为秘书长，杜伯华为医务处处长、军政委员会委员。后来，杜伯华任二总队的政治部主任。

10 月，八路军总部派吴伟等十几名同志到平西国民抗日军指挥部，并带来了朱德、彭德怀亲笔签名信。杜伯华就在二总队中，以八路军首长的信鼓舞大家，展开了国共合作，团结抗战，统一战线的广泛宣传，并进行有关共产党、八路军的历史教育，思想政治工作更加深入人心。

11 月中旬，国民抗日军奉命开赴阜平整编。杜伯华带二总队全体指战员，同国民抗日军一起，过青水、杜家庄，爬太行余脉小五台，直下察南平原，越怀来，过涿鹿，到达蔚县近郊。又取道走马驿、倒马关由涞源到阜平。阜平是新建立的抗日根据地，村庄到处刷写着抗日标语，陕北民歌的旋律四处传扬，手持红缨枪的儿童团不时盘查路条，像红军长期活动的苏区。杜伯华见此情景，真是欢喜若狂。

12 月 25 日，经八路军总部正式批准，国民抗日军改编为晋察冀第五支队，负责建设平西抗日根据地。赵同为支队司令员，高鹏为副司令员，汪之力为政治部主任，下设三个总队。其中二总队队长王建忠，政治处主任为杜伯华。

1938年11月底，五支队开往灵寿、行唐，进行作战活动与扩军。

3月下旬，日军分路进攻晋察冀，五支队奉命回师反“扫荡”，支援阜平。不久，军区又命令五支队返回平西，部队立即拔营北进。

4月2日，五支队抵达涞源城南，得到密报：有一支日军运输队押送二十多辆马车的军需弹药从紫荆关运往涞源城，将于3日9时许过浮图峪。支队当即决定在二道河子村西的山沟里打伏击。半夜，部队开始行动，部署一总队埋伏在二道河子村后山岗，放敌人进山沟后堵死退路，三总队埋伏在西南，从前向后打；杜伯华、王建忠带二总队隐蔽在南山，担任正面捕歼任务……9时刚过，日军先头部队就出现了。待日军后尾部队钻进了口袋，顿时机枪、步枪都响起来，接着王建忠、杜伯华指挥二总队的全体战士从南山冲入山谷，大展雄威。日军在受到突然攻击后，还未来得及还枪，已人仰马翻，伤亡惨重。这次战斗全歼日军近百人，生俘二名，缴获全部枪支和物资，并打落飞机一架。

4月下旬，五支队开回平西。杜伯华在五支队工作了八个多月，对五支队创立和发展作出了重要贡献。五支队进驻平西后，根据军区指示，立即抽调一批得力干部充实、整顿县政权和地方武装，并决定新建房（山）良（乡）联合县，委派杜伯华任县长。4月底，杜伯华、郭方、尚英、贾嵩明等来到房山五区政府所在地南窖进行建县筹备工作。

房山五区西北是百花山，与宛平八区毗邻，南有猫耳山做屏障，东经四区出川，区内有坨里、房山、良乡等重镇，是平西抗日根据地的东南前哨。这里矿产丰富、工业发达，地理位置重要，早在1938年3月共产党已经派包森开辟了这块地区，并建立了地方武装，有了一定的基础。

杜伯华到南窖后，召开区村领导人会、知识分子会、工商界负责人会等，说明来意，商讨建县大计，最后决定将县府设在五区长操村。5月8日召开有各界人士参加的大会，宣布房良联合县政府成立。房良联合县政府成立之后，杜伯华为巩固和发展新生的抗日政权，动员全县人民共同抗日，进行了大量工作，在四个月中，着重抓了以下工作：

第一，广泛开展抗日宣传。杜伯华根据中共中央《为抗日救国告全体同胞书》的精神，亲笔起草了《告全县同胞书》，号召全县人民动员起来，有力出力，有钱出钱，有枪出枪，为早日打败日本侵略者，保卫房良，保卫祖国，浴血奋战。并将告同胞书四处张贴，又组织力量，深入到工矿、学校、农村，广泛发动群众，开展群众工作。

第二，大力进行县、区、村各级的政权建设。县政府宣布成立后，在党的统一战线和抗日政策的感召下，经过动员，先后有赵然、傅伯英、陈伯诚、王培忠、王希久、郝绍尧、景松年、王有梧、罗化之等六十多名知识分子云集。到县政府的人才，杜伯华知人善任，很快把县政府的班子安排就绪：马梦飞任县政府秘书，郝仲林任民政科科长，谢景波任财政科科长，杨天资任实业科科长，郝绍尧任教育科科长，姜子箴任粮食科科长，姜永聪任司法科科长，县府的工作处处有人管，事事有人抓。同时，建立和健全了房良县抗日救国会，郭方任主任，赵然任组织部部长，傅伯英任宣传部部长。另外，对房山五区、四区、九区的救国会主任和区长也进行了安排。县区组织机构健全之后，接着动员县救国会和政府的干部，深入到各村建政、建组和发动群众。村政府、救国会、青救会、妇救会、儿童团等组织相继建立，全县出现了参军参战、筹粮送秣、支援前线的抗日热潮。特别是房山五区，充分发动群众，组织工作深入，抗日支前的热情高涨。当时流传着一首民歌：“五区，五区，人人都是抗日的……”

第三，改造地方武装，保卫房良。1938年3月，包森来房山五区后，在江石之等同志支持、协助下，曾对五区保卫团进行了改编，对四区保卫团也做了大量工作，组建成房涞涿游击支队。但不久包森率部挺进冀东，对这支武装还没有来得及从思想上、政治上、组织上、纪律上进行彻底改造。为改造这支队伍，由尚英政委、贾嵩明队长，负责部队的改造工作，杜伯华与尚英、贾嵩明密切配合，全力支持，使部队改造工作进展很快、很顺利，最后改编为平西游击四支队（即房良县大队），下设三个大队，共约四百人，杜伯华为扩大队伍，还号召和组织青年参军参战，奔赴抗日前线，出现了不少母送子、妻送郎参军抗日的动人场面。

第四，贯彻执行统一战线政策，团结一切可以团结的力量共同抗日。谢景波是房山五区自卫团的团总，当时颇有影响，杜伯华就亲自做他的工作。谢景波在当时的形势下表示愿意抗日，杜伯华就安排他到县政府任财政科长。四区的郝绍尧，曾任过旧房山县教育科的督学，思想进步，杜伯华把他请出来，任房良县的教育科长。这些人参加县政府的工作，对动员各界积极抗日，对动员进步知识分子和有志青年参军参政，起了重要作用。北安村罗化之，开煤窑，当村长，有权势，杜伯华耐心做他的工作，给他讲抗日救国、至死不当亡国奴和抗战的策略、前途。罗化之在杜伯华的感召下，弃家从戎，投身革命，后壮烈牺牲。杜伯华还做三路土匪司令胡振海的工作，利用他抗日的一面，与其订立互不侵犯、共同抗日的协议。由于统战工作搞得好，房良县得到了巩固与发展。

第五，深入基层，联系群众，筹粮

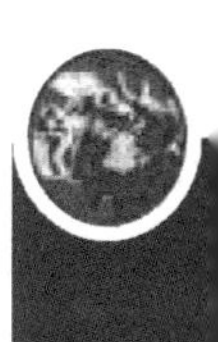

筹款，支援抗战。杜伯华，身高体胖，平易近人，关心同志，态度谦和，在群众中享有很高的威信。他布置的任务，群众都愿意积极完成。一次，五区窑商会孔凡坤去县府送交抗日捐款两千元，伯华对孔凡坤说："我军抗日有困难要多送些。"孔凡坤说："下次尽可能多筹集，支援抗日。"杜伯华一边点款（中日联合票）一边开玩笑说："花这钱，亡国奴味！"孔凡坤说："杜县长，那就别要了。"杜伯华说："现在不要不行啊！将来一定不要它，要花我们自己印的票子。"在群众的支援下，筹粮筹款任务如期完成，有力地支援了抗战，并且还搞到了一些边区紧缺的物资，如油印机、电池、手表等。

但杜伯华对汉奸、走狗恨之入骨，严惩不贷。凡捕捉到的特务、汉奸，都要亲自审讯，对证据确凿的坚决处死。有时汉奸磕头作揖，说尽好话，杜伯华从不手软。

正在县府的工作逐步开展、深入发展之际，8月间赵同叛变逃跑，驻防平西的五支队与杨成武支队合编，驻房良县的五支队三营调走，房良县大队也同时调走编入正规部队，房良空虚。接着九区民团头子杨天沛、杨万方制造了王家台惨案，杀害平西抗日武装一个连的战士。9月，日伪军向平西根据地大举进攻。在这种形势下，杜伯华奉命带领县区干部和警卫人员连夜西撤，走到大安山发现断后的警卫班还没有归队，马上派人去接应。杜伯华一直等到过半夜，人回来了才休息。第二天，杜伯华召开全体人员大会，进行思想动员，并将枪支弹药分配给所有工作人员，日夜兼程，迅速向西转移。边区下达转移命令，房良县接到得最晚，因此行动迟于其他县。上级未见房良的干部转移，即派曾雍亚独立支队火速去接应，到了宛平的马兰，与正在转移的房良县人员相遇。杜伯华向曾雍亚汇报了情况，县府人员随即同独立支队，经峨峪、马水口、涞源到灵丘，到达一分区的地界。伯华把人员暂做安排后，立即去一分区司令部汇报工作。

10月底，我军击溃了日伪军对平西的进攻，邓华、宋时轮部参加冀东暴动以后也开回平西整训，并于12月初平息了房山九区杨天沛、杨万方的叛乱。杜伯华率房良县全体工作人员返回房良，县府迁到房山五区下石堡村。

县府迁到下石堡以后，杜伯华与县委书记郭强密切配合，为坚持房山五区（南窖、长操）根据地，巩固九区（庄户台、霞云岭）根据地，开辟八区（蒲洼、十渡）根据地，进行了大量的工作，使县府的工作机构更加健全，进展更有成效。

打开九区之后，在下石堡召开了庆祝大会，县委书记郭强、县长杜伯华在大会上讲话，重点指出：杨天沛、杨万方一伙，大敌当前，不思抗日，反而与人民为敌，制造王家台惨案，我们打九区地方反动武装是为了动员全区人民共同抗日。抗日根据地政府实行减租减息、合理负担的政策，并宣布了对杨天沛、杨万方等人的处罚。会后，县政府又在王家台为死难烈士修了墓，立了碑，并在九区进行收枪、建政、发动群众等工作。九区的形势很快稳定下来，并成为房良县的巩固区。同时，工作向八区推进，开辟了八区根据地，原五区根据地得到了恢复，工作重新活跃起来。区村建立了政权和抗联会，十六岁以上、五十五岁以下的人都参加了抗联会组织，出现了筹粮筹款，参军参战的抗日热潮。

1939年3月，晋察冀边区行政委员会发布命令，在平西地区设第四行政督察专员公署，委任杜伯华为专员。杜伯华在任专员期间，根据边区党委和冀热察党委的指示，认真贯彻执行“巩固平西，坚持冀东，开辟平北”的战略方针。为巩固、扩大平西根据地，积极贯彻合理负担政策，筹粮筹款，保证军需，积极组织支前队伍，运粮运草运弹药，转运伤病员，支援抗日前线，组织模范队、基干队，建立地方武装，并积极进行征兵扩军工作，保卫平西，积极发展文化教育事业，办小学、高小和识字班、夜校，努力提高平西人民的文化水平。在上级党组织的领导下，杜伯华忘我地进行工作。有一次日军“扫荡”，他与同志们一起转移，不慎弄掉了眼镜，他高度近视，所以看不清，摔在老乡的猪圈里，弄了一身粪汤。部队等他批条子领粮，他只洗了洗手就批起条子来。在他的影响、带动下，全体工作人员个个奋力拼搏，出色地完成了各项工作任务。

杜伯华不仅懂军事、懂政治，胜任教导员、县长、专员等工作，而且精通医术，是个出色的医生。在他从军、从政时期，曾挤时间以高超的医术为不少军人、干部和群众看病。如在五支队时，在一次战斗中有位战士的腿被打成粉碎性骨折，军医主张给他截肢。杜伯华看后说：“截了肢就不能打仗了，我给他治治看。”他上山采药、配药，制成膏药贴上，果然好了。1938年7月，五支队三营教导员史进前在长操驻防，患瘟疫加伤寒，不省人事，生命垂危。杜伯华见后很痛心，说：“他很年轻，要想方设法救活他。”他亲自开方、采药，并托关系买药，精心医治，终于使史进前起死回生，重返抗日战场。史进前非常感激，至老记忆犹新，并写诗一首：

中西合璧医道精，三教九流尔也明。
济病扶危热心肠，历雨经风过来鹰。
长操同榻话当年，白山黑水战未停。
未见分晓龙虎斗，神仙有情葬忠魂。

1938年2月，因敌进攻房良县，转移时，青委傅伯英病重走不了路，杜伯华将马让与傅伯英骑。杜伯华经北直河，爬过大青杠梁，到四马台村，步行五十多里。到了四马台即从药店里给傅伯英抓了一剂药，傅伯英吃下去后，身体逐渐康复。

1940年夏天，杜伯华调任晋察冀军区卫生部副部长，聂荣臻指示卫生部部长游胜华说：“伯华同志到卫生部工作，你应充分发挥他的专长。特别要把制药工作搞上去，以粉碎日军对我之经济封锁。”杜伯华到任后，作风纯朴，工作认真，学到的医术知识得到了广泛应用，边区的药品生产蒸蒸日上，产品的产量、质量突飞猛进，产品种类也大增，可生产解热药、利尿药、消炎药、健胃药、镇咳化痰药、镇痛药、止疟药等。在杜伯华的参与、努力下，晋察冀边区的药品生产自给有余，除满足边区的需要外，还远销平津、晋冀鲁豫、晋西北等地，不仅有力地支援了友区，而且还从敌占区换取了伪钞，并以此购进了化学药品和医疗器械，对粉碎敌人的封锁起了重要作用。1941年2月20日，由晋察冀军区司令员聂荣臻签发的《关于自制代用药品问题的训令》中指出：“自敌对经济封锁加紧后，西药之购买与输入日益

困难，而我们边区土产原料炮制之各种药品……虽因技术设置所限，提炼尚不纯良，外观不若舶来西药之精致，但所采用之原料亦多系含有西药成分之原料，或按中医验方所配成，屡次试验均极有效。”聂荣臻肯定的这些成绩，与杜伯华的努力是分不开的。

杜伯华，平易近人，团结同志，联系群众，以身作则，刻苦学习，求知上进，工作深入，作风正派，是无产阶级的先进战士，是党的优秀干部，是卫生战线上的楷模。这样一位好同志，不幸于 1941 年 6 月 30 日殉职。7 月 15 日召开了杜伯华追悼会，聂荣臻所送的挽联上写着“悼死励生”四个刚劲有力的大字，卫生部部长游胜华致悼词，高度评价了杜伯华的光辉一生。杜伯华一生为革命操劳，鞠躬尽瘁，对于他的过世，大家非常悲痛。面对杜伯华遗像，司令员聂荣臻、卫生部长游胜华、边区秘书长萧丹峰和与会全体同志，都泣不成声，连十二三岁的孩子也为之挥泪。追悼会后，杜伯华的遗体安葬在河北省唐县神仙山山麓，与伟大的国际主义战士白求恩葬在一起。为了纪念他，经聂总批准，将他生前创办的晋察冀军区制药厂改名为“伯华制药厂”，榆树县委也决定将“华昌药房”所在街道命名为“华昌路”。

杜伯华的革命精神永垂不朽！

（本文选自中国红故事网）

晋察冀军区制药厂研究室

赤胆忠心　风范永存

——追忆吉克强革命传奇往事

文/黄　文

巍峨的五指山，孕育了五条澄碧的河流。五条河流忽而奔涌，忽而婉转叮咚，一路高歌低吟，欢唱着汇入浩瀚的南海。五条河，滋养着海南四方的黎民百姓，书写着海南历史的古往今来。发源于五指山，裹挟着飞瀑流泉，顽强奔流的昌化江，就是其中的一条充满红色经典故事的河流。吉克强同志，就是这许多经典故事中的一个原创者与主角。

吉克强同志，人如其名。战争年代，他以对党的赤胆忠心，对敌斗争的坚定机智，克敌制胜，书写了一个个革命传奇故事；中华人民共和国成立后，在和平建设时期，他又以对党和人民利益高度负责的精神，克服了伤痛以及种种磨难，出色地完成了党交给的各项工作任务，显示了一个真正共产党人的高风亮节与博大胸怀。

雄鹰初展翅

吉克强，原名吉德智，1919 年 12 月 20 日生于昌江县下荣村（现东方市下荣村）一户贫苦人家。父母都是孤儿，靠给有钱人家打工度日。家里常常穷得揭不开锅，要靠借高利贷才能勉强维持生活。家境的贫困，富人的欺压、霸道，在少年吉克强的心中留下了深深的烙印。他暗下决心，要奋发努力，学知识，明道理，长大后做一番大事业，砸碎这不平等的旧世界。1934 年夏，家境略有好转，他终于如愿以偿进入昌江县第一高等小学。

在一高读书的两年时间里，聪明过人的吉克强不仅学习了许多文化知识，而且在舅舅赵继周（中共党员）的启发下，懂得了许多革命道理，更受到革命前辈刘开汉、史丹等同志的影响，开始走上了革命道路。1936 年，他终因家里太穷无法继续读书。回家以后，他开始在村里组织吉承信、吉坡镇、吉光汉、吉进音等进步青年搜烧神公，破除迷信，

反对买卖婚姻，移风易俗，宣传革命道理。一时间，少年吉克强声名大噪，吓得当地的封建遗老遗少们坐立不安，惶惶不可终日。1938年3月，在革命道路上日趋成熟的吉克强在下荣村加入了中国共产党，成为下荣村的第一个中共党员。同年6月，为了发动全民武装抗日，中共地下组织组建了民众抗日自卫团。吉克强按党组织指示参加了抗日自卫团任小队长，并到琼山接受了为期一个多月的军训。受训返回后，吉克强开始着手组织本村青年进行军训，开展党员发展工作，并于1939年初建立了下荣村党小组。他深入发动群众，积极聚集进步力量，为日后开展抗日救亡活动做了大量的准备工作。

虎穴除汉奸

1939年2月10日，日本侵略者大规模侵占海南岛。同年12月，日军侵占昌感县的北黎、新街、墩头等地，并在北黎建立日军大本营。大敌当前，昌感国民党政府却采取不抵抗主义，逃的逃，躲的躲，有的甚至认贼作父，充当汉奸，为虎作伥。在这紧急关头，中共昌感县委一方面大力动员广大青年参加抗日部队，上前线抗击日军，一方面组建地方武装，坚持在敌后开展艰苦顽强的斗争。此时，吉克强参加了由县委书记陈克文兼任组长的锄奸小组。小组里一共有十多名成员，任务是保卫县委，铲除地方汉奸及通敌分子。除奸小组成立后，有时配合部队除奸，有时单独行动铲除地方顽固分子，对敌斗争开展得有声有色。1940年5月，由陈克文带领，吉天英做向导，吉克强与战友们秘密潜入敌占区昌化港，打死汉奸林文道，处死乡长李鸿章。1941年6月，吉克强又和战友们一道配合县驳壳班潜入四更村，打死了四更维持会会长王沛熙及王沛业、吴礼生等汉奸。日军被迫将伪维持会迁至新街镇，并更名为琼西维持总会。在县委的正确领导下，除奸小组勇猛有力地打击敌人，极大地激发了昌感地区广大群众的抗战热情，他们积极参加青抗会、妇抗会、自卫队、儿童团等抗日组织，在敌后开展如火如荼的抗日活动，沉重地打击了日、伪、顽的嚣张气焰，吓得他们有一段时间龟缩在北黎的据点里不敢出动。

1941年5月间，根据形势发展的需要，县委领导陈克文、赵光炬在下荣村召开各界人士代表大会，按照“三三制”原则，通过民主选举成立了江南区抗日民主政府。同时把除奸小组扩编为游击小分队，由江南区领导人赵光炬领导。是年秋天，海南日、伪、顽紧密勾结，狼狈为奸，大举向琼崖抗日根据地进攻，昌感地区革命斗争形势日趋恶化。更可恨的是大汉奸卢汉川和刘通办，趁此机会勾结日军，谋杀了打入新街伪维持会搞地下工作的赵承篆和维持会长任采芹及其儿子，卢汉川扬扬得意地出任新街伪维持会长。他一上任，立即招兵买马扩充反动武装，加固伪维持会据点，伙同日军大肆“扫荡”抗日民主根据地，搜捕新街、墩头、港门等地的地下党员，并狂妄地叫嚣：“有我卢汉川在，就不容共产党活！”反动气焰十分嚣张。不仅如此，他还投其主子之所好，为日军奸淫掳掠，横行乡里，欺压百姓当帮凶。昌感地区民众深受其害，对其恨之入骨，经常在街头巷尾贴出或涂写“卢汉川，狗奴才，伤百姓，定完蛋”“谁能杀掉卢汉川，赏他银子一百光”的标语。

要打开斗争局面，非铲除刘通办和卢汉川不可。为此，县委将任务直接下达给除奸游击小分队。胆大心细、多谋善断的吉克强主动请缨，抢着承担这个任务。组织上经过认真考虑，批准了他的请求。于是他先后数次化装成卖鸡蛋的农民，冒险深入到新街伪维持会内部进行侦察。他多次巧妙地避过岗哨，对付盘查，混在赶集的农民中间，进入新街镇，又神不知鬼不觉地进入伪维持会总部，摸查刘通办和卢汉川的体貌特征和活动规律。经过二十多天的侦察，他终于胜利地完成了任务。根据吉克强提供的情报，县委当即制定了除害方案，决定先杀刘通办后除卢汉川。10月上旬，吉克强和文谦受、赵开赤等二十多人，奉命执行铲除刘通办的任务。他们秘密将队伍拉到离新街约一公里远的玉章村林某家潜伏，寻找时机。遗憾的是他们几次白天化装进入新街镇日华茶店伺机刺杀刘通办都扑了空，原因是这家伙不知为什么连续几天都不露面。组织上当即改变计划，命令大队撤回，留下吉克强和文赞恒、符应同等三人执行第二号方案，收拾卢汉川。

1941年10月9日夜里，吉克强带领两人悄悄潜入新街伪维持会旁的进步群众文兆发家，并布置他借来三顶白松帽，三双白鞋，三套新衣服。杀敌心切的吉克强等连夜化装成商人，在文家小阁楼上观察卢汉川的动静。第二天（1941年10月10日）天刚蒙蒙亮，吉克强等三人还未吃早饭，即从文家阁楼上的小窗口里观察到卢汉川带着他的秘书唐之秀和两名卫兵从伪维持会后门出来，到附近的灌木丛中方便。机会终于

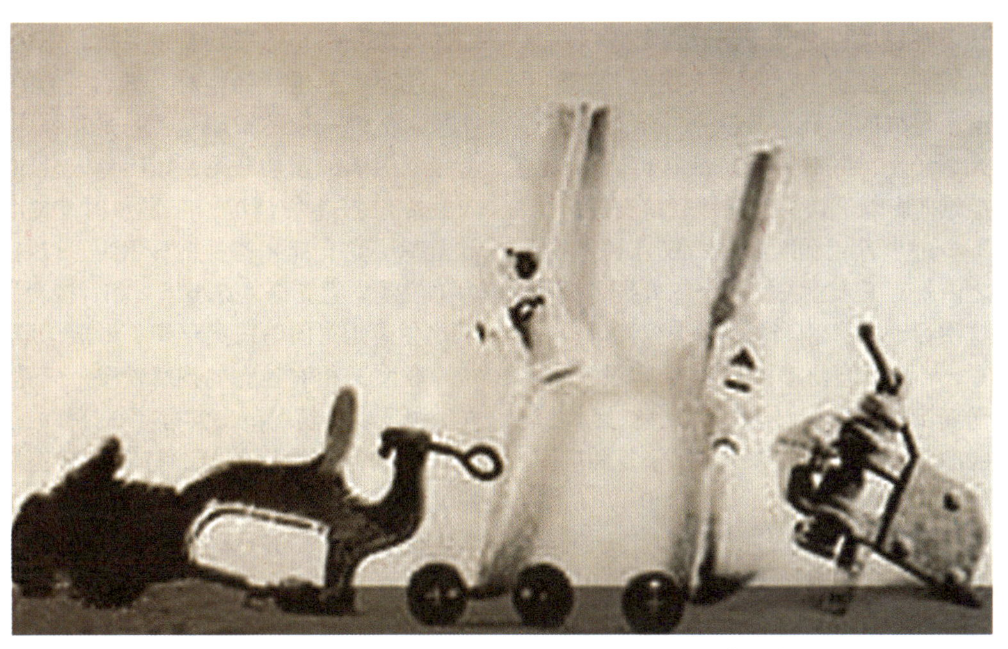

海南六连岭抗日根据地修械厂使用的工具和制造的手榴弹

来了！为了防止卢汉川他们发觉后逃往北黎日军司令部，吉克强先派符应同到通往北黎方向的公路旁守候，然后带着文赞恒作散步状尾随跟了上去。当卢汉川从灌木丛中出来时，吉克强出其不意，一个箭步冲上前去揪住他的衣领，随手抽出驳壳枪指住他。卢汉川大吃一惊，连呼救命，他的秘书和两个卫兵见势不妙，早已争先恐后、跌跌撞撞逃进了伪维持会。此时，身材高大、狡猾凶猛的卢汉川，突然掐住吉克强的喉咙，企图反抗。吉克强机智勇敢，临危不乱，倏地转身扭头，挣脱卢汉川的双手，右手一甩，向他的肚子射出一枪，左手顺势发力将其推倒在地，再从面门补上一枪，当即结束了这个罪大恶极的汉奸的性命。这边枪声响起，霎时，那边哨声一响，枪声大作，日伪军大队人马闻讯包抄过来了。情况万分危急！吉克强想今天要脱险非得先把伪军压回去不可。于是，他带着两位战友当机立断冲上前去朝伪军各扫出一梭子弹，伪军顿时乱作一团。趁着敌人一时尚未弄清情况之机，他们又转身冲入集市，混入墟上慌乱的人群中朝义兴村方向往镇外冲。但是，日军司令部派出的宪兵、马队、伪军很快压了过来。吉克强急中生智，朝天叭叭两枪，向正要到新街赶集的群众大喊：“日本鬼子抓人杀人了，大家不要到新街去呀！”顿时，赶集的群众四散而逃，田野上、公路上到处是人。日伪军弄不清真假，只得东追一程，西跑一段，处处扑空。吉克强等人伺机穿过田庄横过公路，直插通往酸梅村的小路，尔后，下长山，奔赤坎，涉过昌化江，到达旦场村，终于安全脱险。

吉克强等人大白天在日、伪统治的心腹地带枪杀了大汉奸卢汉川，震动了全江南区，狠狠打击了敌人的气焰，也极大地鼓舞了抗日民众的士气。事后，县委在旦场村召开了铲除汉奸卢汉川庆功大会。县委书记陈克文在会上表彰了英勇善战的除奸小分队，并给吉克强等人颁了奖，同时进行抗战宣传。群众在英雄的影响下，纷纷捐钱献粮支援前线，不少进步青年踊跃参军，仅旦场村几天之内就有王永才夫妇等十二人报名参军。这次行动后，相当长一个时期，日、伪军再不敢妄自出动“扫荡”，也没人敢出任新街伪维持会长职务。从此，新墩地区的共产党地下工作得到了恢复和巩固，并扩大了抗日新区，给日、伪以沉重的打击。然而，凶残的敌人也因此对吉克强恨之入骨。日伪军悬赏光洋千元欲取吉克强及其妻子文宗基的人头。在多次阴谋未得逞之后，转而对他们的亲人下毒手。1946 年 3 月，由于叛徒的出卖，吉克强的胞兄吉德昭（共产党员、地下工作者）被国民党杀害于英显村。

巧斗日伪顽

1941 年下半年至 1945 年，日、伪、顽联成一体，疯狂对我抗日根据地进行“扫荡”，并采取了蜘蛛网式堡垒进行蚕食的策略，企图摧毁我抗日根据地，消灭我革命力量。这个时期是昌感人民抗日武装斗争最激烈、最残酷的时期。为了保存实力，县、区政府暂迁内地；同时，为坚持敌后抗日，又把大光乡（现在的昌江县昌化镇昌城村委会）、日新乡、长荣乡、四更乡四个乡合并成立新荣乡人民政府，任命吉克强为总支书记兼乡长，蒙开仁、翁人强为副乡长。以英显、居多、上下荣、沙村为基地坚持对敌斗争。当时的新荣乡处于日伪政权和国民党顽固派的重重包围之中。面对十分恶劣的斗争环境，吉克强充分体现了他在对敌斗争中的坚定顽强、机智勇敢的英雄品格。他率领新荣乡抗日军民与日伪军展开了针锋相对又机动灵活的斗争。他们采取的策略是：一是加强同上级党组织的密切联系，派出专人及时向县委汇报斗争情况；二是及时建立、健全基层党支部和各种抗日组织。以村为单位建立党支部（党小组）和青抗会、妇救会、儿童团等民兵组织，形成了既相互联系又相对独立的铜墙铁壁；三是在敌强我弱的情况下，实行“你打你的，我打我的，打得赢就打，打不赢就走”的灵活机动的战术；四是充分发动群众，坚决依靠群众；五是以各种抗日组织为主，建立一个严密的情报网，时刻监视敌人的活动。

由于策略得当，吉克强领导的新荣乡抗日军民，一次又一次地粉碎了敌人的进犯。敌人进犯的花招多，他们对付敌人的办法更多。有时日伪军联合“围剿”，但敌人一出动，他们就获得了情报，立即召集群众做好准备，坚壁清野，有组织、有秩序地将全村群众分散到地洞或躲入双层夹墙内，使敌人扑空；有时，敌人对他们进行两面夹攻，但不待其形成夹攻阵势，他们早已伺机撤出外围，让敌人狗咬狗；有时，日军先派小股伪军来进犯，其主力再尾随其后企图围歼他们，吉克强他们或“避实就虚，速战速决”，或跳出敌人包围圈，寻机袭敌；有时敌人互相配合日夜“扫荡”，他们就强打精神，与敌人周旋，并寻弱敌交战。为了掌握斗争主动权，他们也常主动出击袭扰敌人，常常于夜间深入敌伪腹地各交通要道埋地雷、放冷枪，叫敌人心惊胆战，不得安宁。

这里摘取几个战例。1944 年 3 月 2 日上午，驻酸梅村的日伪军自卫队长王

以学带领一百多名士兵大摇大摆地进犯大新、来南等村庄。他们为非作歹，抢牛抓人。接到群众报告后，吉克强当机立断部署行动方案：把游击队分成三路，一路由他亲自带领，从上荣、下荣村冲出去正面迎敌；一路由符应龙带领从大新溪边包抄上去；另一路则是集中各村的五十多名民兵从东南方向包抄过去。三路人马前堵后追，把敌人逼到了赤坎村，战士们打得十分英勇顽强。战斗中，符执轩一马当先冲在最前面，他一枪击倒伪军中队长王以学。日伪兵见状，无心应战，丢下王以学的尸体落荒而逃。他们趁势冲上去，把牛全部夺了回来归还群众。1944年3月的一天，吉克强和蒙开仁带领旦光乡的常备队及各村的自卫队攻打靛村伪军据点，因敌据点战壕深且四周有仙人掌，他让队员们找来干牛皮铺在仙人掌上做铺垫，冒着敌人的猛烈火力强攻，打死敌人两名。昌化岭伪军闻讯后，派兵赶来增援，自卫队四十多人顽强阻击，又打死敌人多名，缴获步枪一支。1944年6月，伪军昌化岭指挥部在先南村设立据点，驻兵二十多人，企图切断昌二区通往旦光乡的交通线。为了拔掉这个据点，一天下午，吉克强带领旦光乡各村民兵自卫队一百多人围攻敌据点。经过激烈的战斗，该据点被彻底摧毁。1946年11月初的一天早上，吉克强带领新荣乡武工队到国民党政府名义驻地昌城，埋伏在该城南门庙的国民党乡公所附近，由吉承祖做内应，等到国民党的自卫队长带着二十多名士兵出来操练时，一举将其活捉，缴获步枪十多支，短枪多支。

1947年，根据党中央的指示，琼崖特委改称琼崖区党委。区党委下分设东区、西区、南区、北区四个地委。南区地委管辖昌江、感恩、乐东、崖县四个县。当时乐东三区是新区，国民党势力和土匪恶霸活动猖狂，无恶不作，反动气焰极端嚣张。为了有力打击乐东三区反动势力的气焰，南区地委将时任昌感县一、三联区区委书记的吉克强调任乐东三区区委书记兼区长。

吉克强到乐东三区就任后，首先深入调查，了解掌握反动势力的活动，接着成立区武工队，领导三区开展清匪反霸，减租减息运动。在黎族同胞的支持下，三区清匪反霸斗争取得阶段性的成果，三区社会得到安定，人民安心生产。原海南区党委副书记、海南省人大筹备组组长赵光炬对吉克强同志在乐东三区的工作给予很高的评价，他在吉克强同志的悼词里写道：吉克强在开发乐东三区的工作中作出了很大贡献。

机智擒叛徒

抗日战争时期，有些共产党员由于经受不住斗争的严峻考验，贪生怕死，变节投敌，危害革命，叛徒文兆惠就是其中之一。

文兆惠原是昌感县新荣乡党总支宣传委员。1944年3月，逃往昌江县伪政府所在地昌城，投靠曾任原昌江县抗日民主政府副县长后投敌的大叛徒文丕烈，为日、伪军卖力，先后杀害我旦场村党支部书记谢承统等多人，并悬赏光洋千元要取吉克强及其爱人的头颅。叛徒作恶多端，危害极大，党组织决定除掉这一祸害。

1945年4月的一天，旦场村抗日自卫队队长张武山、文玉清前来向吉克强报告，说叛徒文兆惠派人来拉拢他们，叫他们割下吉克强和文宗基的头颅，然后拉上队伍到昌城投降，并许诺事成之后给予高官厚禄。吉克强接到报告后将计就计，一边布置张武山、文玉清去假装答应文兆惠，约定接头地点，一边将除奸行动方案上报县委。县委批准了行动方案，并派吉鲁汉前来配合行动。

当月下旬的一天晚上，吉克强亲自率领乡抗日自卫队和各村精干民兵近一百人来到旦场村，将队伍分为两个小队，一队由符应龙率领，埋伏在距接头地点约三公里的咸田村对面，以拦截战斗打响后逃跑的敌人；一队由张武山、文玉清率领埋伏于接头地点旦场村文玉堂家的干水塘周围。布置完毕，他们从凌晨3点一直守候到上午9点。文兆惠果然“守信”，他和叛徒文丕信带着一百多人的队伍来“赴约”。狡猾的文兆惠怕上当，他先将队伍拉到距接头地点约两公里远的咸田村隐蔽起来，然后自己同王三喜一前一后过来接头。为“安全”起见，文兆惠还特意换上女人的衣服，戴上斗笠，挎着一只畚箕，装成拾粪的农妇，来到干水塘边，他边低头拾粪边发出接头暗号。听到暗号，张武山、文玉清从水塘边的茅草里走出来与之打招呼。然后张武山趁着文玉清与文兆惠搭讪的当儿，突然绕至文兆惠背后，将其连人带枪抱起来摔在地上，并迅猛地扑上去紧紧压着他。文玉清当即打响信号枪，埋伏在塘边的同志立即冲过来，把动弹不得的文兆惠绑了起来。百步之外的王三喜见势不妙，赶紧往回溜。那些等候接取人头、枪支的伪军听到枪响，知道上了当，但弄不清我们有多少人马，也不敢贸然上前搭救。为了保命，他们拖枪往昌城方向鼠窜。叛徒文兆惠被我军智擒的消息大振人心，也极大地鼓舞了抗日军民的士气。

武工队扬威

1945年8月抗战胜利了，然而同年11月，国民党四十六军赴琼，又拉开了内战的帷幕。他们兽蹄所至，老百姓的财产被抢劫一空，妇女被凌辱，青年被砍头，村庄被毁于一旦。一时间，阴云

抗日自卫队

密布，人心惶惶。在敌人气势汹汹的血腥屠杀面前，有些人动摇了，有些人投降了，做了国民党的帮凶。革命的事业遭遇严峻挑战。

这时以陈克文、赵光炬、赵郑浓为首的昌感县委，为打击国民党顽固派和叛徒们的嚣张气焰，鼓舞群众坚持对敌斗争到底的士气，决定成立县武工队由吉克强任队长，符廷奎任副队长，成员有张玉吉、文玉清等十多人。武工队的任务是:（一）深入敌统治区揭露国民党发动内战的罪恶阴谋，宣传打内战者不得人心，不得人心者必败，我必胜等;（二）惩罚罪大恶极的国民党乡长、保长和叛徒;（三）开展地雷战，狠狠打击敌人;（四）发动敌统治区男女青年上前线;（五）坚持和各村党支部联系发展、扩大党的基层组织;（六）征收公粮支援前线。

武工队成立以后，立即深入敌后有声有色地展开了新的斗争，打了一个又一个漂亮仗。1946 年 5 月间由地下党员吉承祖当向导，吉克强同志率领武工队潜入国民党县党部所在地昌城，夜袭国民党自卫队，不费一枪一弹，生擒队长周某等二十三人，缴获步枪十八支。按照党的俘虏政策，武工队仅带走队长周某，其余人员则在教育后予以释放，同时责令他们选派保长每月给民主政府送缴公粮。这一仗直接打到了敌人的心脏地带，吓得他们慌了手脚，没几天便派新任保长郭某为代表来英显村找武工队商量定期送缴公粮的事。接着武工队处死了罪大恶极的叛徒文达权、赵世清、赵上欣等。1946 年 11 月，在赵郑浓同志率领下，吉克强和符镇率武工队一道围攻铲除了大叛徒赵布鲁、赵现鼎。1946 年 12 月下旬，按照中共昌感县委的指示，已担任昌感县一、三联区区委书记兼区长的吉克强同志带领昌感三联区的武工队和民族特别区的常备队与县警卫排共八十多人，在内应人员的引导下，在一个下雨的黑夜里，袭击了国民党昌江县抱板乡公所，打死敌乡长和乡兵十五人，摧毁了这个敌军据点，打击了敌人的嚣张气焰，扩大了解放区，为开展山区的对敌斗争扫除了一个障碍。1947 年 10 月上旬，按照新分设的中共昌江县委的工作部署在沿海地区打击国民党顽固派的乡政府，恢复我党的基层组织和政权，在山区巩固解放区，开辟新区。1947 年 10 月下旬，吉克强又带领昌江一、三联区及所属乡的武工队与文谦受率领的县警卫队共六十多人，在内应人员的引导下，夜袭国民党昌一区设在大新村的自卫队据点，击毙了伪保长赵恒云等两人，活捉顽匪两人。这一仗，缴获步枪四支、短枪一支，彻底摧毁了该据点。接二连二的胜仗，不仅打出了武工队的威风，也打出了吉克强同志的威名，更打出了昌化江两岸解放区的一片新天地和人民必胜的信心。

勤政为人民

中华人民共和国成立后，吉克强同志先后担任昌感县一区区委书记兼区长、县民政科科长、昌感县副县长、县委常委兼海南岛岛西国防公路建设副总指挥，国家地质部四一〇队工会主席，国家地质部政工科长，广东省地质陈列馆馆长，昌江县委宣传部部长，昌江县科教办主任，昌江县人大常委会副主任、党组副书记等职。无论在什么岗位上工作，吉克强同志都不计个人得失，始终牢记党的宗旨，把全心全意为人民谋利益放在高于一切的位置。

1954年，吉克强兼任西线国防公路建设副总指挥，负责组织工程技术人员进行线路勘探设计。那时的条件和环境非常恶劣，山高水险，蚊叮虫咬，烈日暴晒，风吹雨淋，都是常遇到的事。可是为了勘探出一条理想的公路线，他豁出去了，带着工程技术人员，带着简易的测量器材，带着普通的砍山工具，天天早出晚归，风雨无阻，披荆斩棘，跋山涉水，饿了吃几口番薯，渴了喝几口山泉，病了撑一撑熬一熬，硬是一步一个脚印，绘出了西线国防公路八所至那大段的设计蓝图。1955年，西线国防公路还在如火如荼的建设中，吉克强又调到更为艰苦的地质系统工作。在这里他还是和工程技术人员以及工人一起，冒严寒，顶烈日，奋战在矿区一线，由于劳累过度，不幸染疾，腹部肿得老高，以致根本无法正常行走。组织上关心他，把他送往北京治疗，经医院诊断，他患的是肝硬化，医生断定他的生命超不过十年。但是，他不信这个邪，病情稍有好转就又一如既往地玩命地干起工作来。然而，这一回他的身体真的垮了。1962年组织上为了照顾他，把他调回昌江县担任宣传部部长，让他一边工作一边休养，可他哪里闲得住。1963年7月，昌化江洪水泛滥，冲击着昌化港口，堤坝开始坍塌，眼看岸边几十户民房将被洪水冲垮，当时吉克强正出差到昌化公社，他当机立断，果断指挥昌化居民搬运石料垒实防洪堤坝，保护了昌化港口，保护了几十户民房，得到了群众的赞扬。

1998年3月25日吉克强同志因病去世，追悼会上，组织这样评价他的一生：吉克强同志一生疾恶如仇、刚正不阿、一身正气、光明磊落、严于律己、廉洁奉公，始终保持了鲜明而坚定的党性原则。在他身上，集中而又突出地体现了一个共产党人高贵的品格与良好的风范。

（本文选自南海网）

舌战“盟邦”代表

文 / 马白山

海南琼崖革命领导人冯白驹

抗战胜利后，形势的发展犹如雨季风云，一会儿晴空万里，转眼间却阴霾满天。人们迎来胜利的时候，心情何等振奋，简直是欣喜若狂！可是随后令人愤慨的消息却接踵而来：蒋介石下令“不准”八路军、新四军受降，日军拒绝向海南由共产党领导的军队交出武器……这些消息，使大家由满怀喜悦转为怨恨和愤怒。但是，那时候，部分同志还寄希望于同盟国主持公道。当然，也有部分同志对这种想法嗤之以鼻，认为这是一种不切实际的想法。所谓的同盟国，究竟能不能主持公道，暂时还是一个谜。直至特委常委、纵队政治部主任王伯伦同志来我部指导工作，谈及冯白驹、庄田同志会见“盟邦”代表的情况后，这个谜才算是揭晓了。

1945年9月间，太平洋战区美军司令部派来了两名联络官员，以“盟邦”代表的身份，要求到南丰会见我方领导干部。特委经过研究，决定由冯白驹、庄田、罗文洪等同志接待他们，并挑选了一名从石碌山中逃来我方的香港同胞当翻译。

“盟邦”代表在日军驻那大特遣队指挥官的陪同下来到了南丰，这就给了人们一种不祥的预感，美国人怎么同日军搞到一起来了呢？来访的两名美军联络官，一副标准的军官打扮，身着笔挺的棕绿色军服，脚穿擦得光亮的马靴，他们肩上分别佩戴着上校和中尉军衔。陪同前来的日军大佐，则是一身戎装。

与来访者形成鲜明对比的是，冯白驹、庄田、罗文洪等同志穿着简朴，举止随和，与普通战士并无明显的区别，除了他们腰间携带的手枪足以表明其军人身份外，外表好似乡间的老百姓。来访者对此，流露出一种诧异的神情。

经联络人员引见之后，美军上校先开腔：“见到您，很荣幸！”

冯白驹同志含笑点了点头。双方进行了一番应酬。上校带着恭维的口气说：“贵军在极为艰难的情况下，坚持孤岛苦斗，赢得了生存和发展，可以说是历史的奇迹，本人无限敬佩！”

静坐一旁的美军中尉，这时毕恭毕敬地递上一张写着英文的便笺，大意是说：“我以最诚挚的心情，向领导琼崖军民坚持长期斗争的冯白驹将军，致以崇高的敬意！”

冯白驹同志接过便笺，淡淡一笑说：“我们能够长期坚持斗争，战胜日本侵略军，这是中国人民的力量。如果能够说是奇迹的话，正是中国人民所创造的奇迹！”

作为失败者的日军指挥官，此时十分尴尬，尽力装出一种无所谓的神情问道：“你们琼崖独立纵队有多少人？”庄田同志从旁做了回答后，日本人似笑非笑地竖起拇指说：“你们的，厉害！我们的那么多人，那么多枪，也没能战胜你们。”对于那些总是过高地估计自己的法西斯强盗们，在其狂妄地推行战争政策的时候，他是不可能正确估量人民力量；只有在他们饱尝铁拳，彻底被摧垮之后，才有可能认识到，人民是不可战胜的！

一阵闲话过后，谈话进入了正题。两个美国人先后发了言，大意是说：美军来华，系应中国政府之请求。根据波茨坦公告精神，美国对于监督日本执行投降条款，解除日军之武装及遣送回国负有责任。贵国政府目前正在着手受降事宜，在此之前，日军仍需要原地驻防待命。谈到这里，日军指挥官频频点头表示附和。

美国人的底牌亮出来了，原来是这样一个“盟邦”！

冯白驹同志听了以后，严肃地说：“关于这一点，日军大佐上次来访时，我方代表罗文洪同志已严正声明过，日军现在不是驻防问题，而是必须立即就地解除武装，老老实实地向我们交出武器。”

尽管来访者竭力装出一副友善的面孔，言谈中斟字酌句，措辞婉转，但是，这一切都遮掩不住骨子里隐藏着的阴谋。为了揭穿他们的诡计，冯白驹同志用事实驳斥了他们，指出：日军至今拒绝向我交出武器，以种种借口拖延时间，掩藏军事物资，销毁战争罪证，明里暗里搞日、伪、顽（国民党）合作，顽固地

红军战士铜像

位于琼山的中国工农红军琼崖纵队改编旧址

坚持着侵略者的立场，这是绝对不能容许的！

日军指挥官连声解释说：“那是误会，误会。敝军尚未接到上司命令，所以不便向贵军交出武器。”

美军上校点了点头，有意避开这一话题，油腔滑调说：“日本既然投降了，和平已经到来，要武器还有什么用？”

冯白驹同志当即回答道：“上校先生是军人，当然知道武器是干什么的。如果说已经没有什么用的话，为什么日军不肯把武器交出来？”

“呵呵……这……”上校显然有些语塞，后来勉强地憋出了一句，“这些未必都是真实的吧？！”

冯白驹同志不屑于理睬这种抵赖式的言辞，继续说：“我们希望盟邦真正履行作为同盟者的义务，对于我抗战军民的受降问题，应当采取明智的态度。”上校马上说：“贵军与政府军之间如何划区受降的问题，我们尊重贵国政府作出的妥善安排。”

日本人接着伪善地说：“贵军如果在装备上有什么困难，我们可以提供帮助。”他装作开玩笑地指着庄田同志腰间挎着的手枪说：“那个，不就是我们的吗？”

对于日军的这种挑衅性的语言，庄田同志随即以轻蔑的口吻回答：“不错，那是我们从侵略者手中夺过来的。”

至此，来访者的意向已清楚地表明：美、日、蒋互相串通，妄图麻痹我们，拖延时间，把受降的权益全盘交给国民党顽固派。冯白驹同志义正词严地申明我军的立场，指出：琼崖人民在中国共产党的领导下，经过长期抗战，流血牺牲，付出了巨大代价，打败了日本侵略者。现在日军所属各部队应立即停止一切军事活动，向我们抗日武装交出武器。接着，他强调说：“谁抗日最坚决，谁最有取得胜利果实的权利。国民党顽固派在抗战中袖手旁观，坐等胜利，现在又妄图独吞胜利果实，那是绝对不允许的。”

冯白驹同志语调平和，但言辞间含着一股正义的力量，使美军上校无言以对，连忙找了几句圆场的话：“那是贵国的内政，我们不便过问，不便过问。”

来访者有意把话题引开，兜了几个圈子之后，提到了我军在战争中收容的外国人问题，要求双方提供合作，妥善地将这批人遣送回国。我方同意了他们的要求，双方确定了遣送工作的有关事项。这样一来，算是给来访者搭了一个下台的阶梯，会见就这样结束了。

冯白驹等同志会见“盟邦”代表的消息很快传到了机关和部队，又一次引起了同志们的纷纷议论。一些原先以为“盟邦”会主持公道，监督日军执行投降条款，合理划分受降区域的同志听到这个消息，无异于服了一剂清醒剂，开始感到寄希望于“盟邦”是一种不切实际的幻想。

（本文节选自南海出版公司《浴血天涯》）

潘溪渡伏击战

文 / 杨俊生

开国少将杨俊生

杨俊生（1916—1998 年），江西瑞金市合龙乡下吴坊村人。原名杨衍柱。1932 年，加入共青团。1935 年，加入中国共产党。1934 年，参加中国工农红军。土地革命战争时期，任队长、文书、班长，红一连指导员。抗日战争时期，任营教导员、股长、团政委、随营学校政委、团政委兼团长、军分区政治部副主任。解放战争时期，任旅长、军参谋长。中华人民共和国成立后，任军参谋长、副军长兼参谋长、军长、警备区政委、第二炮兵司令员。曾当选第九、十、十一届中央候补委员。1955 年被授予少将军衔，获二级八一勋章、二级独立自由勋章、一级解放勋章。1988 年被授予一级红星功勋荣誉章。

潘溪渡伏击战，是 1941 年 1 月初，我鲁西军区教导第三旅七团等部队，在军区司令员兼旅长杨勇和政委苏振华等同志的指挥下，以围点打援、设伏围歼的战法，于郓城西北的潘溪渡附近进行的一次歼灭战。这次战斗取得了全歼日军一个加强中队的胜利。当时，第七团团长是刘正，我是政治委员。对这次战斗，我至今记忆犹新。

一

1940 年，我鲁西军区正面临日军疯狂“蚕食”的严峻形势。日军第三十二师团驻守郓城的一个大队四百多人，伙同当地的汉奸、伪军不断增设据点。他们在占领的黄河故道大堤以东和郓城西北的肖皮口、刘口、水堡、任祥屯等地不仅设置据点，还将大堤修筑成沟深、墙高各十多米的屏障，以巩固其占领地，分割封锁我抗日根据地。

为了粉碎敌人的“蚕食”政策。1940年底，军区司令员杨勇和政治委员苏振华召开会议，决定集中主力歼灭郓城的日伪军，以打击敌方嚣张气焰，同时将敌人注意力吸引到郓城西北的侯集方向来，掩护我教三旅第九团南下巨（野）南地区，开展地方工作，建立根据地。这次战斗的部署是：旅特务营以积极动作包围、佯攻侯集据点，策应打援；我们七团在旅骑兵连和二分区特务连掩护下，在侯集、郓城间的必经之地的碱场店设伏，诱歼郓城增援之敌，并夺取该敌所携的九二式步兵炮，以改善我部队武器装备，更有力地打击日伪军，鼓励我中心区的军民士气，发展和巩固根据地。

1941年元旦刚过，我旅第九团途经侯集以西的巨南地区，我们乘掩护九团行动之机，率领团的营、连干部换上便衣装扮成农民和小贩，进至侯集、郓城之间，沿公路两侧详细勘察地形。接着又向侯集东南走了数公里，进入郭家海、潘溪渡之间。由郭家海至碱场店不到二十五公里，其公路两侧村庄利于我军隐蔽设伏，而公路两侧平坦开阔地段利于我军发挥火力杀伤暴露之敌，碱场店东北面的黄河故道大堤可设警戒部队，监视任祥、肖皮口的敌人。因此，这一带是很好的预设伏击战场，可以打一个漂亮的歼灭战。为进一步作好战斗部署，刘团长和我召集营、连以上干部共同研究了这次伏击的战斗特点，我们经过分析看到，敌活动规律是凭坚固守，受袭必援。现敌强我弱，我若以拔掉侯集据点为主攻目标，与敌人硬拼实力，则是以我之短攻敌所长，易中敌圈套。若采取“围点打援”的战法，即以消灭郓城敌援兵为主，对侯集据点只作佯攻，这样既可置敌于劣势地位，又可以扬长避短，造成一种避实就虚、攻敌不备的效果。但这要求我们袭击敌据点佯攻要逼真，设伏一定要伪装隐蔽好，造成敌人错觉，才能诱敌就范予以歼灭。

之后，团进一步确定了具体作战计划和兵力部署，划分了参战部队各自的任务和战斗区域位置，并深入开展了战前思想政治工作，认真分析了战士们的思想状况，党员进行了分工，一个党员带几个战士。以老带新，互相帮助，保证在战斗中发挥整体力量的作用。

二

为了麻痹敌人，不暴露作战意图，事先，参战部队均在距敌一定行程之外的范县龙王庄附近集结，做战前准备，一直到奔赴伏击地的前一天才向部队布置任务。

指战员们一听说要伏击打援，夺日军的大炮，都摩拳擦掌，纷纷向团部请战，要求担负突击和夺炮任务。各营、连集思广益，都召开了军事民主讨论会，对战斗中各个环节可能出现的问题进行了认真研究。最后，我们对伏击的具体方案做了两手准备：倘若敌对我军设伏无察觉，使其全部通过碱场店，诱入平坦开阔的伏击圈，我军则将敌歼灭于郭家海和碱场店之间的平坦开阔地段；倘若敌人对我军似有察觉，不能全部进入伏击圈，我军则以一部兵力依托碱场店沿街房屋，对进村之敌勇猛袭击，并迅速抢占大堤，堵截敌退路，同时团主力听枪声信号立即向碱场店后侧包抄合围，将合击圈后移到碱场店至大堤间，力求

全歼，不使其有漏网。不管出现何种情况，都要不惜任何代价消灭敌人，缴获敌人的一门九二式步兵炮。

为防止部队设伏暴露，我们采取了相应措施：各连、排、班、组分头进入碱场店群众家的后院，挖洞隐蔽，或利用房顶上的草堆、粮囤等藏身；不准随便走动、移位，一定要坚持、忍耐，不出任何声响。指战员们坚决表示，宁肯自己流血牺牲，也绝不暴露目标。

1月7日夜，寒气袭人，伸手不见五指。我参战部队利用夜幕，迎着风沙，避开大道，绕过村庄，沿黄河沙滩兼程前进。为了在行进中保持肃静，我们将驮迫击炮的骡马换下，改为人扛炮。一路上除了风声和沙沙的脚步声，听不到别的声音。就这样，我们悄悄地开赴各指定位置：旅特务营前往侯集，以积极的动作围攻侯集据点。诱郓城之敌出援。我七团前往伏击地，具体部署是：二营隐蔽秦家集、郭家海、梁家庄地区，占领梁家庄迅速构筑工事，坚守阵地，阻止敌人进村，并防止侯集敌人突围增援受伏之敌，力争把它消灭在野地里。待战斗发起后，七、八连以迅速勇猛动作直插敌后尾，在碱场店东南侧的大堤，防止敌人向郓城方向逃窜，要不惜一切代价坚决夺取敌方据点。一个营的战士隐蔽于碱场店，待敌队尾通过碱场店，立即对敌发起攻击，截断敌之退路；三营隐蔽于咽喉铺及樊家楼西北侧之大堤附近，从敌另一侧协同一营夹击敌人，坚决歼灭日伪主力。团指挥所设于碱场店南侧民房中。此外，二分区特务连隐蔽于伏击地东侧大堤附近的杨家庙，向任祥屯、肖皮口方向警戒；旅骑兵连隐蔽于伏击地西侧贾家楼，待我团发起战斗时，迅速进至潘溪渡东南侧，向郓城方向警戒并坚决阻击郓城再次出援之敌，以保障我团彻底歼灭敌人。

部队按部署进入伏击位置后，立即派出便衣侦察，对设伏村庄实行封锁。同时，命令各连分班、排、小组进入村子后街，在住户院内隐蔽好，不准随便走动移位。乡亲们也自愿将便衣借给我们，帮助部队伪装隐蔽。天亮之后，老乡们可以照常打水、烧火做饭、扫院子，互相不准沟通消息。并将坏分子看管起来，以防走漏消息。非隐蔽户的乡亲们照常外出干活，我们教给他们遇敌时的应付方法，伪村长也可以照常应付前来刺探情报的汉奸、探子，以保持村内日常的平静状态。指战员们连夜将靠村街的屋墙根挖成掩蔽洞，透过掩蔽洞口监视村街动静，并随时准备出击作战。携轻、重机枪的射手都登上房顶，隐蔽在房顶玉米秆、谷草堆里和玉米囤里，架设机枪以交叉暗火力点警戒街道，等待敌人前来“钻口袋”。

当夜24时，旅特务营对侯集据点发

八路军缴获的日军九二式步兵炮

动围攻，连夜挖交通壕，一直挖到敌据点外围第一条堑壕边，又继续挖到第二条堑壕边，突击排故意将攀墙长梯暴露出地面，在火力掩护下，向敌人步步逼近，并让村民抬着担架来回走动。据点守敌见我摆出拔据点的阵势，十分恐慌，拼命向我军打枪、扔手榴弹，激战从深夜进行到天明，我们从五公里外的碱场店都能听到侯集方向隐隐传来的激烈枪声。

伏击战作战情景

侯集之敌恐慌万状，向郓城告急求援。为了确实掌握敌人动向，旅政治部于夜间派出敌工干事和一位名叫水野清夫的日本同志（在梁山战斗中被我军俘虏，经教育争取后，到延安参加了日本人民反战同盟），在侯集至郓城的电话线上接上耳机，侦听敌人通话，从中获悉：敌通知郓城，八路军已攻到第二战壕，虽遭猛烈阻击，但仍继续攻击，正在竖梯子，强攻碉堡，情况非常危急。侯集之敌缺乏弹药，惊慌失措，请求郓城派兵火速增援；而郓城之敌令其坚守，并表示即刻出动一个日军中队和一个伪军大队，携一门九二式步兵炮，乘四辆汽车前往增援。

我们得知消息，立即命令部队做好准备，严阵以待，隐蔽在老乡家里和房顶柴堆里的战士们都把枪口指向沿村公路。表面上，村里像往日一样平静，居民照常进行各种活动，小孩子也照常在家门口玩耍。伏击部队挑选部分干部、战士换上便衣，化装成老百姓，在井边打水，村头拾粪，门前推磨。一营教导员唐文祥是四川人，不是当地口音，便装成哑巴在道边放养牲口，同时警惕地观察村外的动静。在这数百户人家的碱场店，到处是伏兵，连下地干活的老乡也是我们的指战员装扮的。

三

伏击部队在耐心等待中度过一上午，太阳已经晒到了头顶上，还不见敌人的影子。忽然侦察员报告：郓城出援之敌已进至潘溪渡，距此三公里，但狡猾的敌人突然停止了前进，令其主力集结待命，只派遣伪军和便衣特务前往碱场店来探路。我们立即通知部队注意隐蔽，待敌大队人马通过碱场店时，以枪声为号发起攻击。

不一会儿工夫，果然有十多个伪军和便衣特务来到村口打探，鬼鬼祟祟地东张西望。我军已化装好的侦察员凑到敌人跟前，一面打水帮其喂马，一面提供假情况麻痹敌人。敌人不放心，又进村沿街搜索，四下盘问，由于我伏击部队勇敢沉着，群众细心掩护，敌再三搜索未发现什么情况。伪军大队胆战心惊地继续向梁家庄、侯集方向前进。日军中队见前面无动静，确信村内无埋伏后，继续向碱场店开进。但日军仍十分警惕，令伪军大队四百多人走在前面开路；后

面的日军中队约一百六十人，与伪军相隔约半公里，以骑兵班为前导，乘四辆汽车携带一门九二式步兵炮随后，小心谨慎地前进。

我埋伏在沿街两侧的部队，见全副武装的日伪军进入碱场店的长街。一个个屏住气，握住揭开盖的手榴弹，把子弹上膛的步枪对准敌人。轻、重机枪射手也扣住扳机，时刻准备对敌扫射。13时许，伪军部队出了碱场店进入预定地区，后面的日军也陆续进村。正在这时，骑着高头大马的日本兵对埋伏在房顶柴堆里的战士似有察觉，一面呜里哇啦地喊叫，一面拨转马头，企图逃出村子。此时，后面行进的敌炮兵刚刚携炮下了黄河大堤，尚未进村。

敌情突变，等敌全部通过碱场店再发动袭击的计划已不可能实现了。团长刘正当机立断，立即叫作战参谋张秀山命令司号长发出攻击信号。敌人被这突如其来的冲锋号声和枪声搅得蒙头转向，像一群野兔子一样四面乱窜。我轻、重机枪居高临下对敌扫射，一排排子弹泼水般地射向敌群，一枚枚手榴弹冰雹似的在敌人头顶上开花，炸得敌兵血肉横飞，躺倒一片。日军的四辆汽车，一开始就被打坏两辆，另两辆企图调头逃跑，再次遭我军猛烈射击也趴着不动了。刘团长命令温先星营长、谢文祥教导员率领一营从沿街屋院冲出来，向已经进村的日伪军猛打猛冲，三连长王占魁带领战士一冲出沿街屋院，就在狭窄的村中公路上与日军短兵相接，他一面指挥战斗，一面左挑右刺，一连撂倒五个敌人。忽然，王占魁被一日军小队长用指挥刀刺中左腹，他面不改色，转身一个突刺将敌人小队长送上“西天”。其余的敌人见指挥官阵亡，便仓皇向村东逃窜。混战中，三连的一挺机枪被日军抢跑了。王占魁满腔怒火，顾不得包扎伤口，高喊：“跟我来！”领着战士们向日军追杀过去，再次与敌人展开肉搏，终于夺回机枪。几个日本兵见他是指挥员，便一齐向他逼近，而他因伤口流血过多，已经没有力量，便毅然拉响了腰间的手榴弹与敌人同归于尽。走在前面的伪军大队，遭一、二连的猛烈射击。不一会便死的死、伤的伤，尸横遍野，剩下的缴械投降。而骄横凶蛮的日军遭我袭击后，像一群发了疯的野兽号叫着拼死抵抗。一部分日军携轻、重机枪逃至村东黄河故道大堤西侧的一片坟地中，企图借有利地形负隅顽抗。我立即和李景岳营长、王猛教导员率领三营，由咽喉铺及樊家楼包抄过去，围歼村东坟地之敌。敌人做困兽之斗，拼命向大堤突围。战士们就利用大堤旁的土坑顽强阻击敌人，打退了敌人的突围。激战中，一营又赶来配合战斗。至此，形成了对顽敌四面合围的攻势。枪声、号声、手榴弹的爆炸声响成一片。但是，日军不同于伪军，凭着其装备好，加之受军国主义思想精神的毒化，拼死顽抗，拒不投降。战斗进行得非常激烈，我部亦有很大伤亡。临近黄昏，为了尽快结束战斗，我即命令一、三营集中兵力向敌发起冲锋，战士们端起刺刀杀入敌阵，与敌展开白刃格斗。九连班长李连生在与日军拼刺刀时身负重伤，左腿被打断，仍坚持战斗，最后英勇牺牲。经过一个多小时的浴血奋战，终于消灭了这股垂死挣扎的敌人。

隐蔽于秦家集、郭家海、梁家庄一带的二营听到枪声信号后，在团参谋长程正杰、营长李成、教导员江昌华的率领下，以迅猛动作直插敌尾。携带九二式步兵炮的日军炮兵原来走在队伍的最后面，看到前面队伍遭到伏击，便慌忙架起火炮向我方射击，我二营发现敌人炮位后，立即迅速、勇猛地向敌人的炮阵地发起冲锋，敌人见势不妙，在少数步兵的掩护下，急忙拉炮撤到大堤东南，沿公路向潘溪渡方向逃窜。这时，李成营长机智果断地命令八连连长黄家古，不顾一切截断大堤与潘溪渡之间敌人的退路，同时也命令七连连长王环玉、指导员刘玉泽全力夺取敌人的火炮。七连接到命令立即向敌人火炮猛扑过去，边打边追，穷追不舍。战斗英雄李秃子，手榴弹投得又远又准，他一口气投了二十多枚手榴弹，炸得敌人嗷嗷叫。七连追上敌炮兵，击毙了拉炮战马。敌炮兵动弹不得了，就以炮架和死马为依托拼命抵抗。敌我双方在平坦开阔地带激战，双方都有很大伤亡。连长王怀玉见时间一分一秒地过去，心急火燎，他不顾敌人机枪的疯狂扫射，大呼一声："冲啊！"带领一、三排直向敌火炮猛扑过去。日军被我七连指战员的英雄壮举惊呆了，被迫退到离炮位几十米的一个不大的土坑里，日军的九二式步兵炮被七连缴获。溃退的日军见火炮被我夺走，红了眼，端起刺刀反扑过来。刘玉泽指导员立即带领二排迎战，与日军展开拼死搏斗，掩护一、三排把火炮拉到安全地带。最后，在三连的配合下，将这股残敌全歼。我们日思夜想的九二式步兵炮终于夺到手了，战士们高兴得欢呼跳跃。为了防止敌人援兵再来夺炮，七连和八连的同志立即连拉带拽把炮拉到了大堤的西面。干部战士解下绑腿做绳索，像护送宝贝一样把火炮送往杨孟庄，然后用牛车运往范县根据地。

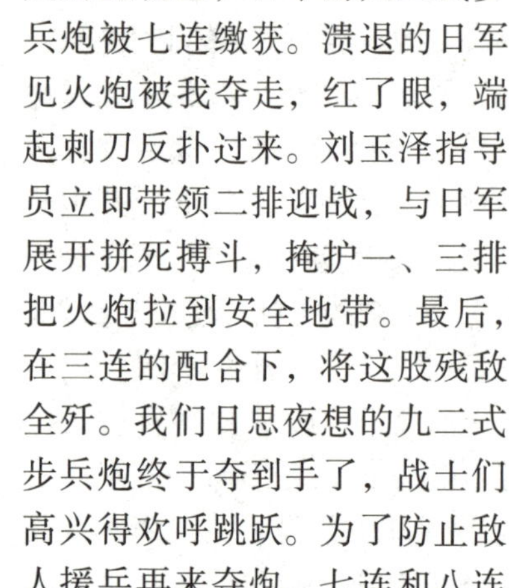

这时，东南方向又传来激烈枪声，郓城之敌再次派兵增援。敌人刚到潘溪渡东南侧，立即遭到我旅骑兵连和二分区特务连的英勇阻击。最后，敌人丢下二十多具尸体逃回郓城。至此（下午5时许），战斗全部结束。这次战斗，毙伤日军一百二十四人、伪军十四人，俘伪军四人，共歼灭日伪军一百四十二人，击毁日军汽车四辆，缴获九二式步兵炮一门及大批枪支弹药。

潘溪渡伏击战的胜利，歼灭了敌有生力量，给日军第三十二师团以沉重打击。这次伏击战的胜利，打出了八路军的威风，振奋了鲁西广大群众，动摇了敌伪的军心，使冀鲁豫根据地得到了巩固发展，对坚持鲁西抗日游击战争具有重要意义。

（本文作于1986年2月，由八路军太行纪念馆供稿）

红色记忆

邵家庄伏击战

文 / 贺庆积

贺庆积（1909—1998 年），江西省永新县人。1927 年加入中国共产主义青年团。次年，加入中国共产党。曾任永新县乡苏维埃政府主席。1929 年，入赣西南红军学校学习。土地革命战争时期，任连指导员、营长、团长、师参谋长、师长。抗日战争时期，任团长、旅参谋长。解放战争时期，任旅长、师长，军区副司令员兼参谋长。中华人民共和国成立后，任辽宁省军区司令员、沈阳军区顾问。他是中共七大、八大代表，第六届全国人大代表，第五届全国政协常委。1955 年被授予少将军衔，获一级八一勋章、一级独立自由勋章、一级解放勋章。1988 年，获一级红星功勋荣誉章。

1938 年 10 月 28 日，我八路军第一二〇师三五九旅七一九团与兄弟部队配合，在山西省雁北地区的邵家庄打了一场漂亮的伏击战。我当时任七一九团团长。

1938 年 9 月，在旅部的统一指挥下，我带领全团到雁北地区活动。上级指示我团，以灵活的游击战对敌人进行袭扰、伏击、牵制，重点破坏其交通运输线，断其“血脉”，利用边区的有利条件，抓住战机主动打击敌人，积小胜为大胜。并要求团的指挥员，按照实际情况，实施灵活的作战指挥。

在雁北地区，当时日本侵略军虽然占领了铁路沿线的城镇，但广大农村还是我们的天地。我们一到雁北，就积极向群众宣传党的抗日主张和抗日统一战线政策，组织群众武装，得到了地方党政机关的大力支持和各阶层人民的拥护。中共雁北地区党组织不仅在待客方面给我们提供方便，而且也派出敌后工作队，深入敌人“心脏”侦察，主动向我们提供情报。10 月 21 日，雁北敌后工作队的情报称：日军积极调集重兵，筹运武器弹药和军粮，白天在蔚（县）灵（丘）公路上，常有成队的汽车，由北向南行驶，并有飞机掩护，企图多路围攻晋察冀边区。接到这一情报后，我和团里的几位领导同志马上进行了研究，一致认

开国少将贺庆积

开国少将谭文邦

为，必须粉碎敌人对我边区根据地的进攻。因此，应选择有利地形打伏击，给敌人以沉重的打击。根据多次实地勘察，我们了解到广灵—灵丘公路是日军这次围攻我晋察冀边区的必经之路，而张家湾至邵家庄这段公路正好在两座大山之间，形成天然的咽喉要道，两侧山上又杂草丛生，便于我军隐蔽出击，对打伏击十分有利。于是我们下决心，在邵家庄伏击敌人。随即向旅部请示，王震旅长同意了我们的计划并转报聂荣臻司令员，很快得到了批准。当时王旅长还指示我们，一定要周密部署，隐蔽企图，突然发起攻击，要速战速决，不可恋战，要贯彻毛主席打歼灭战的思想，歼灭敌人的有生力量，尽量减少自身的伤亡。他还鼓励我们说，你团有与日军多次交战的经验，相信此战必胜，等候你们的好消息。

26 日，我们召开了团的军政委员（扩大）会议。代理政委谭文邦（陈文彬政委带干部去冀中地区扩兵）、参谋长萧飞、政治处主任张云善、供给处主任郭冬桂、卫生队长吕攸侯和各营营长、教导员都参加了会议，我们传达了晋察冀军区首长的批示和王震旅长的指示，并组织大家认真研究和制定了作战方案，决心对敌连以下小股部队发动攻击，将其全部歼灭；对敌三五百人的部队，力争歼其大部，如遇敌联队以上的大部队，则给以突然袭击和重创后即行撤离。会上还对作战部署进行了具体安排，并要求各营迅速做好战前准备，注意保密和封锁消息，于 10 月 27 日下午 4 时准时出发，28 日拂晓前赶到张家湾、邵家庄地区。

当时我们团驻在灵丘县以西的王庄堡，离设伏地约有五十公里。眼看离出发不到一天的时间了，准备工作显得有些紧迫。所幸我和团的几位领导同志都抓紧时间深入各营连，参加战前动员和检查准备工作。我团经过一年来的战斗，武器装备虽逐步得到了加强，有了不少挺轻重机枪，还有几门迫击炮，但与日军比起来还差得很多，特别是战士手中的步枪大部分还是旧式的。不过士气旺盛，干部战士听说要伏击日军，高兴极了。我在连队检查时，就听到干部战士许多鼓舞人心的议论。

一个胡子拉碴的老兵边擦枪边说：“别看我这套筒子枪破，打起来可发发命中，非得多敲死几个敌人不可。”接着，他拍了拍枪，又自言自语道：“伙计，这下就靠你立功了。”

一个年轻战士抚摸着枪口上的刺刀风趣地说：“可惜子弹太少了，只有十多发，但咱这刺刀也不是吃素的，敌人不投降就让他见阎王。”

一个人称“小参谋”的战士，接过话茬蛮有经验地说：“对付敌人，就是要狠要猛，不要怕，用革命英雄主义压倒武士道精神，日本侵略者就会在我们面前丢魂丧胆。”

“哎，你们说日军的汽车是个啥模样？该怎么打法？”说话的是个参军不久的新兵。我感到这个问题很重要，有一定的代表性，就告诉营里的干部，抓紧时间向战士们讲讲汽车的构造和要害部位以及打汽车的方法。

就在我们团积极进行战前准备的同时，当地区、乡抗日民主政府，也在积极配合我们打仗，发动群众开展各项支前活动：有的组织了以民兵为主的担架队；有的帮助各连队蒸馒头、烙饼；有

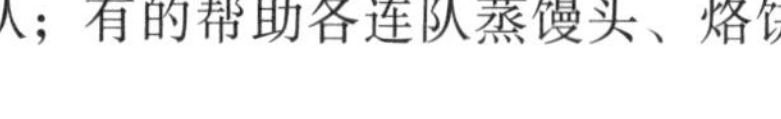

的帮助战士们缝干粮袋；还有许多房东老大娘像送自己儿女出远门似的，煮了鸡蛋往战士衣兜里揣。看到这些动人的情景，更激起了我们抗日救国的责任感。

经过积极努力，战前各项准备工作就绪，全团于27日下午4时准时出发。我们避开大道，在崎岖的山路上急速前进。干部、战士个个精神抖擞，身背钢枪、大刀，腰挎手榴弹，脖子上挂着装得满满的干粮袋，打了绑腿，脚上的布鞋还紧紧地系了条布带子，走起路来个个显得那么轻便、利落，一双双眼睛闪烁着激战前的焦灼，显露出军人独有的风采。

夜幕降临，部队为了赶路，晚饭只好边走边吃。在深秋的夜晚，只听见行军沙沙的脚步声，战士们低声传着口令“跟上去！”“不要跑，沉住气，迈大步跟上！”

我们这个部队，虽然是一支年轻的抗日部队，但它是以红军为骨干组建起来的，排以上干部都经过二万五千里长征的考验。一年来，我们袭击过日军占据的长辛店，打过永定河桥上的日军据点，还在山西省的山阴县、应县惩罚过乔日成的汉奸部队，经过多次大小战斗，对与日军作战已有一定经验。行军途中，我一边指挥着急速前进的部队，一边沉思。过去跟国民党军队打仗，有不少国民党军队是持有“双枪”（步枪和烟枪）的士兵，最怕我们死打硬拼；现在作战对象变了，面对的是有着优良武器装备和军国主义思想的日军，你不置他于死地，不把他捉住，他是不肯放下武器投

抗日战争时期，王震同志在延安

侧山坡和沟下；担负助攻的二营，埋伏在东侧山后；担负预备队的三营在二营南侧山后待命，战斗打响后，跃进至张家湾西北侧之高地，据险扼守，阻击广灵增援之敌，兼打向北突围之敌；二营四连埋伏在预设阵地的南端，堵击向南突围之敌，团指挥所开设在一营后侧的山坡上。

时间就是胜利。部队进入阵地后，立即投入了紧张的临战准备，依托丘陵起伏和杂草丛生的自然地

降的。因此，明天这场伏击战，将会是一场恶战。复杂的战争要求指挥员，遇事要想得更多一些，多准备几招，万万不可轻敌。

部队经过十二小时的隐蔽行军，于28日拂晓前到达预定地区。我们看到，这是一条南北走向的狭长山川，东西两旁是突兀的山峦，中间有百十米宽的丘陵地，层层梯田鳞次栉比，地里的庄稼已经收完，只留下一垅垅的谷茬子。靠近西山脚下有一条沙石路，往南约五百米处的道路顺着山势有个急弯，一座小山包正好对着这条沙石路，形成一个天然屏障。部队按原定部署迅速展开，在不到一公里的狭长山沟里，给敌人缝了个大“口袋”，等待他们来钻。担负主攻的我团一营和七一七团一连，由营长常修芮、教导员彭清云带领，埋伏在西

形，构筑简单的隐蔽工事；沟通团指挥所与各营之间的通信联络，靠近广灵方向的一二五四高地和一四一二高地，设有两个观察哨，由团部的两名参谋分别负责，主要观察广灵方向的动静，在伏击地域的公路上，由特务连指导员阳焕生同志带领工兵排布设地雷，南端埋的是“触发雷”，即在炸药里安上雷管，上面覆盖一块薄板，再撒上干土和碎石子伪装，人和重物一压上去，就会爆炸；从“触发雷”区延伸到公路北端，埋的是“拉线雷”，且每一百米左右埋一捆手榴弹，把拉火线接长，伪装好引到山上，见机拉线引爆。规定以“雷响为号”，沿各自的进攻出发路线发起攻击。

东方微微露出曙光，沉睡的山峦显出了深蓝色的轮廓。我和团里的几位领导，分别到各山头进行最后一次战前检

查。看到战士们经过长途急行军，异常疲倦，有些人脚上打了泡，身上的军衣已被汗水和晨露湿透了，紧紧地贴在身上，在这晚秋的早晨，凉气从脊背往心里渗透着，浑身潮乎乎的阴冷，因此战士们三三两两依偎在一起，有的已蒙眬入睡。我马上告诉连队干部，要抓紧时间让战士们吃点干粮再休息，肚子里有了食物身上会暖和些，不然仗一打起来就吃不上东西了。

时间一分一秒地消逝，等啊，等啊，等到9点钟，广灵方向仍是没有动静。我心里犯了嘀咕，诡计多端的敌人时常改变行动计划，过去我们也常有扑空的时候，但愿这次能如愿以偿。快到10点了，还不见敌人的踪影，心里越着急越觉得时间过得慢。作为一名指挥员，越是在这样的时刻越是要保持镇静。于是我拿起电话要求各营："一定要耐心等待，注意隐蔽，不准乱动，绝对不可暴露目标。"我从指挥所里走出来，趴在高地上用望远镜眺望远方的观察哨。10点刚过，两个观察哨同时向我团指挥所摆动手中的白色信号旗，这是发现敌人的信号。看到这信号，我们十分高兴，终于把敌人等来了。

不一会儿，远处尘土飞扬，如同升起的烟云，一辆接一辆的汽车由北向南驶来，汽车上的日本旗也隐约可见了。

敌人真鬼呀，前头一辆汽车是搜索车，一路上东放几枪西放几炮，进行火力侦察，害怕中了我们的埋伏。见到这情景，我非常担心暴露目标。于是我不禁地把目光瞥向一营的阵地，看到战士们埋伏得很好，一个个伏在潮湿的草丛里，伏在坚硬的石头上，一动不动。此时此境，我从心里涌出一股满意之情。

又过了一会儿，日军的第一辆汽车进到张家湾北侧的山口，忽然停了下来，并从车上下来几个敌人，向一个放羊的老百姓打听附近山上有没有八路军。敌人哪里知道，从老百姓嘴里是打听不到任何消息的。因为我们先遣人员已经做好了群众的工作，群众都积极配合我们打伏击，无论在场院打场，在山上放羊，在家里挑水做饭，都和往常一样，不让敌人看出一点破绽。

日军没有打听到我军的消息，便以为我军真的不在此地活动，于是汽车又加足马力，一辆接一辆地向我们设伏的地段开来。

第一辆车已经开进了我们设伏的"口袋嘴"，整个敌人车队也尽收眼底，我默默地数着："一辆、两辆、三辆……"每辆车上乘有二三十人，车顶上都架着一挺重机枪。这些骄横的敌人侵犯我晋西北以来，到处烧杀抢掠，残害我同胞，现在该是惩罚他们的时候了。眼见第一辆汽车快驶到布雷区的南端，可"触发雷"还没有响。"是地雷失效了，还是汽车没压上？"正当我心里疑惑的时候，突然一声巨响震撼山谷，"触发雷"爆炸了，紧接着"拉线雷"也一个一个地拉响了。顿时，日军第一辆汽车被炸翻了，其他车有的起了火，有的企图掉头逃跑，又被后面的汽车拦腰顶住，整个敌阵乱作一团。而此时，我军阵地上的轻、重机枪一齐吼叫起来，一排排的手榴弹也投向敌人，整个伏击地段都被我军火力控制，敌人插翅也难飞了。这时的日本侵略者，被我们打得可真狼狈极了。有的被炸得血肉横飞，有的被打伤，叽里呱啦乱叫，有的没死没伤，但也被我军打得晕头转向，撅着屁

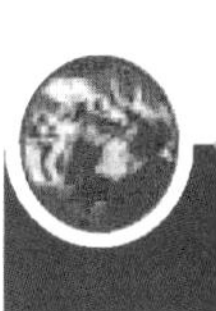

股往汽车底下钻。我在指挥所的山头上看到这一切，心里感到非常痛快，敌人已成瓮中之鳖，我军发起冲锋的时机已到。我立即命令司号员吴雄："吹冲锋号！"号音未落，我突击队便在常修芮、彭清云的带领下，一个个像下山的猛虎向敌人冲去。担任助攻的二营也在营长周三秀、教导员王继朝的指挥下，向敌人发起了冲锋。敌人见势不妙，企图依托汽车作掩护，进行火力拦阻。我突击队不顾一切地向敌人猛扑过去，动作慢的敌人还没来得及从汽车底下爬出来，就被我突击队击毙。动作快一点的敌人，从汽车底下钻出来，连刺刀还没有来得及上，就端着个秃枪，呀呀呀地喊叫着，与我突击队员展开了白刃格斗。

我们的突击队越战越勇，他们把复仇的怒火集中在刺刀上，勇猛拼杀。战士王有才一连刺死了几个敌人，刺刀都刺弯了，他身上的衣服也几乎被撕成了布条，仍顽强战斗。从山西崞县入伍的新战士邸明亮，人称"邸大个"，很机灵，在与敌人拼刺刀前，他先在枪膛里顶上一发子弹，刚好碰上两个敌人同时向他扑来，他摆出刺杀的架势，待敌人靠近时，突然扣动扳机，将右边的一个敌人击毙，趁左边那个敌人惊慌的瞬间，又将其刺死。

这场白刃战，仅进行了三十分钟，敌人即大部毙命，一小股残敌窜至西北侧一小高地负隅顽抗。我们一边肃清残敌，一边打扫战场，并准备撤出战斗。大约11点，忽见设在两个高地的我观察哨又打起了信号旗：敌人从广灵县出兵增援来了。十多辆汽车载着步、炮兵四五百人，并有一架飞机在空中助战，急匆匆地向邵家庄扑来。然而，为时已晚。广灵县敌军出援，早在我们预料之中，在伏击战打响后，我团三营在营长胡政、教导员陈友元的带领下，即已从待机地域向北迂回，进入预设阵地。当敌援兵的汽车驶至我预设阵地前，即遭到我三营密集火力的突然阻击，走在前面的两三辆汽车顿时起火，车上的敌人大部分被击毙。敌人遭我军迎头痛击后，恼羞成怒，凭借其兵力和装备的优势，对我三营阵地轮番进行冲击。我三营在敌重兵和强大火力的压制下，全体指战员不畏强敌，依托有利地形，居高临下，顽强地扼守着要道，使敌人始终无法前进。尽管敌人有飞机和大炮，但在敌我相距不过一两百米的情况下，什么威力也发挥不了，结果在我三营阵地前留下了一百多具尸体。大约12点，三营得知团主力已安全转移，随即主动撤出战斗。

邵家庄伏击战的胜利，不仅由于有当地政府和人民群众的大力支持，还得到了兄弟部队第七一八团的有力配合。在伏击战尚未打响之前，驻灵丘县日军乘汽车十多辆，北上迎接独立混成第二旅团长常冈宽治。我三五九旅首长，为了配合邵家庄伏击战，早把七一八团埋伏在灵丘以北的贾庄附近，当敌人车队行至我军伏击区时，七一八团突然发起攻击，把敌人打得落花流水，歼敌两百余人，迫使敌人龟缩灵丘城，有力地保障了我团南侧的安全。

在邵家庄伏击战中，我团歼灭敌军三百多人，其中有少佐山崎、炮兵大尉龟森等军官多人，炸毁敌汽车十多辆，火炮多门，缴获长短枪一百多支，轻、重机枪十多挺，掷弹筒四具，各种子弹十多万发，以及照相机、望远镜和大批军毯、罐头等物。在缴获的物品中，尤

1939年，王震和夫人王季青在雁北抗日根据地

1942年4月，朱德总司令视察南泥湾。左起：左齐、邱创成、贺龙、朱德、王震、谭文邦

其重要的是敌军的作战日记和作战地图，图上标有日军的部署和我军部分部队的番号及驻地。从缴获的敌军文件中证实，敌系独立混成第二旅团所部，其旅团长常冈宽治，于25日由河北省怀来县出发，至蔚县、广灵县、灵丘县视察，其随行部队为张北支队。在打扫战场时，我们还发现了一把刻有金字及日本天皇头像的战刀。据当时俘获的汉奸供认："此乃常冈宽治之物。"

在这次伏击战后，伟大的国际主义战士白求恩大夫在王震旅长的陪同下，在野战医院为彭清云、李桂莲等同志做了手术，用他满腔热忱、高度负责的精神及精湛的医术，挽救了不少生命垂危的同志，赢得了指战员们的爱戴。邵家庄伏击战的胜利，沉重地打击了日本侵略军的嚣张气焰，有力地支援了兄弟部队的反围攻作战。当然，胜利来之不易，我们也付出了不小的代价，伤亡一百多人。营教导员王继朝、卫生队长吕攸侯等同志壮烈牺牲，营教导员彭清云、连长李桂莲等同志负了重伤。上级领导对这次战斗的胜利给予很高的评价，晋察冀军区聂荣臻司令员签署了对参战部队的嘉奖令，一二〇师贺龙师长、萧克副师长也发电报表扬了我们团，王震旅长还到医院看望战斗中负伤的同志，并给参战的干部、战士每人发了两块银圆，作为奖励。

（本文选自《贺庆积回忆录》）

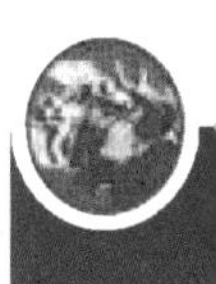

平凡而伟大的抗联母亲

文 / 于富媛

在牡丹江地区的抗日斗争中，牡丹江的广大人民群众送子弟参加抗日队伍，送粮、送物，竭尽全力，甚至流血牺牲，许多可歌可泣的平民英雄的事迹，至今在各地流传。宁安马莲河的李大妈就是一位平凡而伟大的英雄。

抗日战争时期，李大妈的家在上马河河东的小河套。那里景色优美僻静，中共宁安县（今宁安市）委机关和国际交通线的中转站设在她家，县委的重要会议都在这里召开。抗日将领李延禄、周保中，牡丹江地下党组织朱守一、李范五、关书范、李光林、张林等人都多次到这里召开秘密会议，几乎每天都有党组织和部队的人吃住在她家里。

李大妈一家七口人，老伴李成海是地下交通员。共产国际的机密文件都是由苏联转到他们家，然后由李大爷冒着生命危险，及时地送到中共满洲省委。获取敌人的重要军事情报和枪支弹药，以及粮食、布匹、油盐、药品等，也常常经过李大妈一家送到山里的抗日部队驻地。她的儿子李奎明是团员，儿媳妇黄秀芝和李大妈都是反日会会员，三个女儿都是儿童团员，一个叫宝莲，一个叫双莲，一个叫春莲，全家都冒着生命危险为抗日和革命事业工作。

李大妈家境清贫，县委机关设在她家里，又加上来来往往的人不断，全家只在年三十晚上才能吃上一顿饺子。剩下的白面就全留着做锅盔（以白面为原料，加入碱烤作而成，易保存），给来县委机关的人吃。就连她女儿春莲生病发高烧，她都没舍得拿出一块锅盔给孩子吃。一家老小宁可在夏天采野菜吃，冬天捡干白菜帮子和萝卜缨熬粥喝，也要让县委机关的人员吃饱。

在一个青黄不接的春天，家里连冻白菜和冻土豆都断了顿，李大妈看着县委的同志们一个个骨瘦如柴、面色灰黄

这是抗联第一路军第二方面军之一部

东北各地抗日游击队于 1934 年改编为东北抗日联军，图为整装待发的抗联战士

实在不忍心，急得在房前屋后的雪地上直转悠，希望能找到一点可吃的东西。正在这时，周保中派来交通员说，他要来李大妈家。李大妈听说周保中要来十分高兴，激动不已，她知道周保中是抗日英雄。她连忙和李大爷商量分头上外屯借粮食，出去两天，李大妈和老伴都空手而归，因为家家都缺粮。

几天过后，周保中带领十几个人来到李大妈家开会。会议根据《一·二六指示信》和中共满洲省委吉东局指示精神，决定以周保中率领的边区军一、三连为骨干，联合救国军的残部和部分反日山林队，建立党直接领导的绥宁反日同盟军。

就这样十几个人一日三餐，每天饭桌上都会出现热气腾腾、香喷喷的高粱米干饭。大家都很惊讶，这么多的粮食从哪里弄来的呢？平时李大妈借一升小米熬粥，几乎要跑遍上马河，往往是空着手回来，现在小仓房里居然堆了几麻袋高粱米，少说也有几百斤。开始，李范五他们都以为是周保中带来的粮食，说他这是雪里送炭。周保中一听笑了："到你们这块红地盘，我还用背着粮食下山吗？"李大妈笑着给每人盛了一碗冒尖的干饭说："这是马河、后地的反日会员背着伪自卫团给你们送来的，宁安县这面抗日大旗，全仗着山里的周保中和你们擎着呢！"

送走周保中后的一天，从李大妈家的院子里传出悲凄的哭声。李范五仔细一看，是双莲她们在哭。平时爱说爱笑、活泼可爱的姐妹整天唱着"打倒列强、打倒列强"的革命歌曲，每次县委开会都是她们在院外放哨，一旦发现有人向小河套这边走来，就会听见她们在院外连声喊着"噢呦，老鹞子叼小鸡来了"。今天她们怎么哭得这么伤心，姐姐宝莲看到妹妹那么伤心，也呜呜咽咽地哭了起来。

"双莲，快别哭了，去把脸洗洗，妈拣萝卜要回来啦，她要看你眼睛哭得通红，还不拧你！你小声点儿，别让人听见。"

"你就是胆子小，怕什么？妈要把我往死路上逼，我就跟县委的李大个子（李范五）讲，周保中我也认识，叫他们给我出主意。"

"周叔叔、李叔叔他们打日本鬼子救中国，够苦够累的了，饿坏了他们会误大事的。妈也是没有办法，才不得不让你这么小就去地主家做苦工挣高粱米。要是今年收成好了，咱们就可以多出些粮食让你再回来。你可千万不能再哭闹了。"说完两人抱头痛哭起来。

没过多久，县委机关的人都发现双莲不见了，大家很快知道李大妈为了让县委和山里来的同志们吃饱肚子打日本人，实在没办法了，才让心爱的女儿去地主家做苦工挣粮食。可想而知作为一个母亲，她是忍受着怎样巨大的痛苦才作出这个决定的，世上哪有母亲不心疼自己的孩子呢？但她想到抗日，想到马莲河许多百姓家破人亡，她狠心作出了牺牲。李大妈不是党员，只是一名普普通通的农村妇女，仅仅是一名反日会会员，在那个国难重重的年代里，她却为抗日救国作出了如此大的贡献。

1934年春，由于工作需要，县委决定派她的独生子李奎明和媳妇黄秀芝到密山开展地下工作，李大妈没有反对，高兴地接受了组织的安排。后来，李大爷调到满洲省委当交通员，李大妈也去

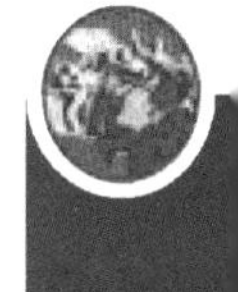

了哈尔滨，住在三十六棚，以卖香烟为掩护。几年后，李大爷就被捕入狱，死在牢里了。从此李大妈和党失去了联系，靠给三十六棚的工人洗衣服为生，最后因生活所迫，她又回到了宁安乡下。

李大妈的一生是平凡的，默默无闻的，甚至没有人知道她的真实姓名。然而正是有了千千万万像李大妈这样的人民群众，作出平常而又不平常的贡献，才使得东北的抗日斗争闯过无数难关，才使祖国获得了解放，人民才有了今天的幸福生活。

（本文由牡丹江市博物馆和烈士纪念馆管理处供稿）

一张不过期的借条

文 / 周栎茜

老乡：

我们是路过这里的红军。实在对不起，因为你们家中没有人，我们挖了你的稻米，折合50圆大洋。本应付给现钱，因为手头实在没有现钱，特留下这张借条。等红军胜利以后，我们一定要加倍偿还。

此致敬礼

中国工农红军二军团后卫团二连

全体战士

1935年5月24日

1935年5月，红二军团长征路经四川得荣县，由于当地的老百姓事前听信了国民党的谣言，在红军进入前将粮食都埋藏了起来，人也躲藏了起来。等红军到达县城时，已是人去楼空。断粮几天的红军，全靠吃野菜充饥，人人疲惫无力，面如土色，不少战士还饿病了，全身浮肿。红军二军团后卫团二连连长看在眼里，心急如焚，可毕竟是巧妇难为无米之炊。

正在这时，一个战士兴冲冲地跑来，瘦削的脸上一双大眼睛闪动着希望的灵光，“连长，好消息！我们找到粮食了。”

“真的？”连长发愁的脸上掠过一丝笑容，浑身像长了一些气力。

不多会儿，他们来到了一个老乡家的牛棚，战士一弓身，猫下腰扒开地面堆的杂草，一层洒落着零星稻米的新土露了出来，再扒去这层薄薄的新土，是一块长方形的木板，里面居然是一大缸稻米。这久违了的粮食的香味让大家欣

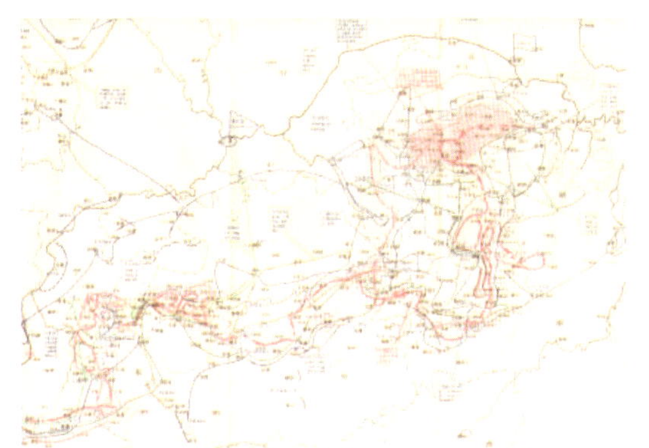

红二军团长征路线图

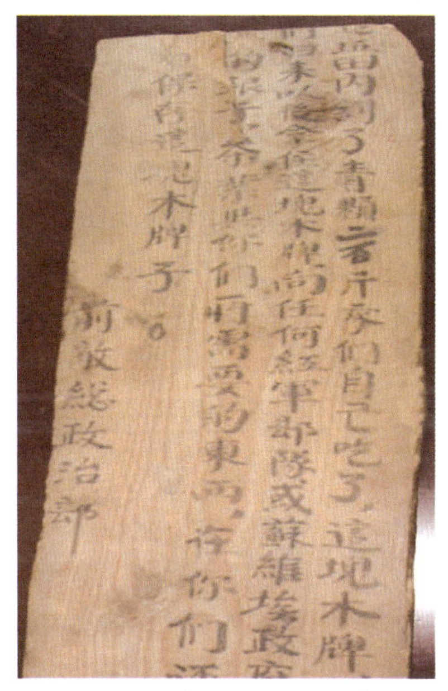

坵田内割了青稞　斤，我们自己吃了，這塊木牌
们归来以後拿這塊木牌向任何紅軍部隊或蘇維埃政府
你们所需要的東西，請你们
保存這塊木牌子。
前敌總政治部

红军当年在松潘留下的借条

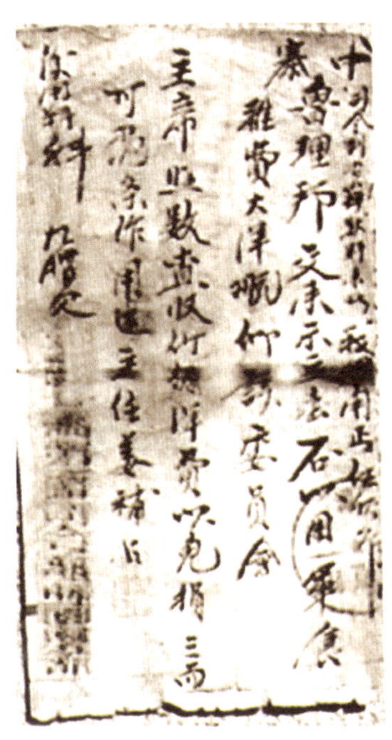

红四方面军的欠条

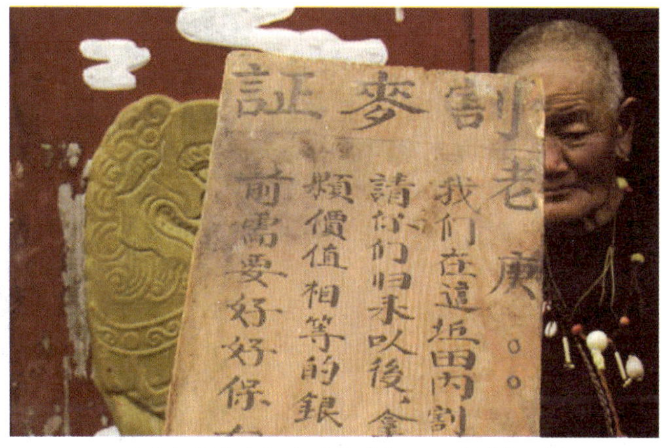

割麦証
老庚
我们在這坵田内割
請你们归来以後，拿
顆價值相等的銀
前需要好好保

图为红军在木板上写的借条——“割麦证”

喜若狂，战士连忙拿起铁锹，迫不及待地想要挖出稻米。

“别忙，等一等。”同样欣喜的连长却说，“我们红军要遵守群众纪律，现在这家主人不在家，怎么能随便动人家的东西呢？”

“可是这一带的人都逃光了，人家有心要躲着我们，咱一时半会儿到哪里去找主人呀？我们这么多同志都饿病了，这眼看着病情一天比一天重，可你还不让动这粮食，那要我们咋办？”小伙子也是个犟脾气，一丢铁锹，干脆就蹲下了，眼巴巴地看着这一缸稻米。

“我看还是这样吧，”排长见状忙上前对连长说，“是不是可以先挖出一部分粮食，然后再打一张借条，说明部队的难处，认上这个账。我们还会打回来的，等到以后革命胜利了，我们加倍偿还。”

然后他又转过身拉起蹲在地上的小战士：“小鬼，别生气了，你要体谅连长。按照我们红军的惯例，如果老乡不在家，我们是不能动他们的东西的，如果急需老乡的东西，可以留下一些银圆作补偿。可是，现在我们手中已经没有现钱了，如果白拿老乡的粮食，你要是老乡会怎么想呢？”

二排长的建议得到了大家的认可，于是，他们一面派人挖稻米，一面拿纸笔给老乡打了借条。全连有了粮食，也有了生气，支委会当日就决定，除了病号每人分八小碗外，一般战士每人分五小碗，连队干部每人三小碗。战士们瘪了好几天的干粮袋总算是稍微鼓起了一点。

部队走后，主人一直保存着这张借条，直到他临终前，嘱咐自己儿子：“共产党说话是算话的，你拿这张借条到人民政府去兑换吧。”

1952年6月，也就是二十七年后的一天，当四川得荣县乡的政府办事员从老乡手中接过这张发黄的借条时，他紧锁双眉，疑惑地看着老乡说：“这是哪一年的账了，早过期了吧？”

“这是当年红军长征时，向我爹打的借条，我爹死前交给了我。人民政府是共产党领导的政府，我不找你们找谁？”

后来，乡政府得知此事后，专门开会讨论，最后一致认为借条有效，乡长还特别吩咐财会人员按解放初期人民币与当时的银圆的比值进行换算，兑现了那张借条上所承诺的，把钱“加倍偿还”给了那位老乡。

（本文选自中国红色故事网）